郝 斐 / 主编

你不知道的**英国留学**

清华大学出版社
北京

内 容 简 介

本书通过大量的案例与有出处的数据，详细严谨地阐述了留学英国的全过程，从择校到就读，从签证到海外生活，乃至于包括毕业后的选择，都囊括其中。本书最大的亮点在于，作者在英国有着十多年的留学行业从业经验，接触了大量生动真实的案例，并且切身感受了十多年米留英读书的发展与变化，对英国的留学移民政策有着深刻的解读，具有较强的实操性与参考性。

如果你打算去英国留学，或者想了解英国留学的方方面面，阅读本书，可以让你豁然开朗，原来去英国留学其实很简单。

图书在版编目（CIP）数据

你不知道的英国留学/郝斐主编. —北京：清华大学出版社，2018（2022.5重印）
ISBN 978-7-302-50554-9

Ⅰ. ①你… Ⅱ. ①郝… Ⅲ. ①留学教育－概况－英国 Ⅳ. ①G649.561

中国版本图书馆CIP数据核字（2018）第145336号

责任编辑：王金柱
封面设计：王　翔
责任校对：闫秀华
责任印制：杨　艳

出版发行：清华大学出版社
　　　　　网　　址：http://www.tup.com.cn，http://www.wqbook.com
　　　　　地　　址：北京清华大学学研大厦A座　　　　邮　　编：100084
　　　　　社 总 机：010-83470000　　　　　　　　　　邮　　购：010-62786544
　　　　　投稿与读者服务：010-62776969，c-service@tup.tsinghua.edu.cn
　　　　　质量反馈：010-62772015，zhiliang@tup.tsinghua.edu.cn
印 装 者：三河市金元印装有限公司
经　　销：全国新华书店
开　　本：170mm×240mm　　　印　　张：17　　　字　　数：240千字
版　　次：2018年9月第1版　　　印　　次：2022年5月第5次印刷
定　　价：59.00元

产品编号：072515-01

推 荐 序

In reading this delightfully candid account of the Author's own learning journey to study here in the United Kingdom, one can really taste his personal enjoyment of the amazing opportunities, educational and cultural, alongside a whole menu of experiences awaiting international students who choose to study here.

在阅读这本书时，你能充分感受作者对英国教育、文化和其他精彩瞬间的体验，与此同时，这个国家的魅力，还等待着其他留学生的捕捉。

Not so much a Rough Guide more of an Honest Guide as the Author is now a successful Chinese/International entrepreneur and brings us right up to the date with pre-Brexit Britain whilst spreading the message that all world-class UK Universities and Colleges, remain fully open for business, as international education is everyone's business.

你可以把这本书当作一位真诚的向导，而不仅仅是一本留学指南。主编者郝斐，作为一位成功的在英国从事国际教育多年的杰出中国企业家，为读者传递了在脱欧前夕，具有世界一流水准的英国高校仍保持全面开放，因为国际教育和每个人都相关。

Indeed, one should be aware that following analysis conducted by the Oxford based, Higher Education Policy Institute, more Heads of State and Governments have studied here than any other country in the world, surpassing even the US.

事实上，根据牛津大学高等教育研究所的数据分析，与其他国家相比，更多国家和政府的领导人会选择在英国进修，这个数字甚至超过了美国。

Whether it's leading your family business, your own business or even your homeland, clearly an investment made in higher level studying in the UK has the potential to define not only your own future livelihood and those nearest and dearest to you, but your fellow citizens too.

无论你是开展家族事业，或自己的事业，亦或是投身祖国事业，选择在英国进行更高层次的学习，不仅能让你自己和最亲近的人明确未来的生活方向，还能感染你的同胞。

This is a vital and possibly life changing guide and I encourage you to read it and think carefully about the advice and guidance it contains.

有关以上内容的建议和指导，都包含在了《你不知道的英国留学》一书中。我推荐各位去阅读这样一本可能改变你人生的书籍。

Lord Clement-Jones CBE
Member of British Parliament
Chair of Council, Queen Mary University of London
（英国上议院发言人 Lord Tim Clement-Jones 议员，UCL 原校董，现伦敦大学玛丽女王学院校董会主席）

前 言
PREFACE

在互联网资讯发达的今天，关于留学的一些知识相信大家也有所闻，本书既然叫《你不知道的英国留学》，那就必然要有些特别之处。

在笔者计划编撰本书之前，2016 年 6 月 23 日，英国公投结果出来了——脱欧。虽然离英国正式脱离欧盟还有两年之久（2017 年 3 月 29 日，英国首相特蕾莎·梅正式启动《里斯本条约》第五十条，启动该条款的国家将在两年后脱离欧盟），但如何向大家解读脱欧之后留学英国及留在英国工作的形势，就成为本书所"肩负"的迫在眉睫的任务，这是你不知道的第一件事。

从目录的顺序不难看出，本书内容覆盖了一个留学生从选校申请到毕业工作（无论留在英国还是回国）的所有需求，具体到学业安排、找住宿、吃喝玩乐，以及如何通过英国企业的面试，也有像"移民"这样的额外需求（这源于编者在英国留学与移民行业长达 14 年的经验积累），这是你不知道的第二件事。

本书的一大特色便是"英伦本土风味"，各章节都邀请了在英"老油条"来讲述自己熟知的领域，比如第 3 章中热门专业的解读，由学无国界招募的英国名校学霸作为超级导师来解读自身专业，内容的精华，是"百度百科"式文体所无法呈现的，这是你不知道的第三件事。

　　笔者 1999 年赴英国留学，后来留在英国从事国际教育行业，于 2003 年创立了 UVIC 英国教育签证中心，经过十多年的发展，UVIC 现已成为英国非常有影响力的留学与移民品牌。笔者于 2015 年回到中国，创立了学无国界教育科技有限公司，打造了 myoffer 海外大学智能申请平台。

　　本书由郝斐主编，参与编写的有王雪飞、吴思阳、吴恬、于新、衷婷婷（按姓氏拼音排序）。

　　下面，就由笔者和学无国界的超级导师为读者开启不一样的英伦之旅。

郝斐

2018 年 7 月

目 录
CONTENTS

第一章 / CHAPTER ONE
为什么去英国留学

壹

本章将向读者介绍去英国留学的各种优势,集中描述英国的教育质量、地理环境、人文氛围等。2016年,英国发生了一件震惊世界的大事——公投脱欧,作为脱欧后的留学英国的指南书籍,笔者认为,第一节专门为读者解答这一"巨变"后的各种疑惑,是十分有必要的,如大家都关心的问题——脱欧是不是就等于留英难度加大了?

第二节则是对英国的大致介绍,作为一名资深"英吹",究竟是什么支撑着笔者对这个国家的赞美与希冀?第三节则是笔者对英国脱欧之后,留学签证政策方面的汇总。因为这是一段充满变数的时期,新的政治经济格局、新的政府,自然也就伴随着不断更替的政策,本节有诸多关于签证方面的专业术语,为了避免误导,建议读者先阅读第五章签证办理的内容,对英国签证有大致了解后再回看本节。

第一节   脱欧大背景下的英国留学

英国难道开始闭关锁国了吗

大多数的人没有想到，2016 年 6 月 23 日这一天会改变欧洲大陆乃至世界的格局。公投结果出来了，英国人民决定脱欧了，如同解开了束缚千万匹野马的缰绳，义无反顾。

当时笔者在国内，作为一个 90 年代末出国留学，在英国生活了十几年的老海归，第一反应是震惊。一件如此复杂、充满着各种政治经济博弈的国家大事，就这样由民众做出了决定（少数服从多数）。

英国脱欧之后，将何去何从？笔者所在的行业（留学与移民）又会因此受到怎样的影响？大家以后还愿意来这个美丽丰饶的国度学习或生活吗？

公投结果一出来，不少人就问笔者上面的问题。必须承认，焦虑和担忧当然会有，但更多的，还是对未来充满希望。

以留学和工作签证举例，英国高校的口碑和教育质量并不会因为是否脱离欧盟而发生改变。中国一直都是英国高校的第一大生源国，脱欧之后，欧盟成员国学生赴英留学的限制会增多，但对于中国以及其他国家的国际学生来说，则不失为一个好消息。之前欧盟公民在英国几乎享受同样的国民待遇，他们凭一本欧盟成员国的护照，就可以自由地在欧洲大陆各国往来。欧盟人员的自由流动在给英国本地人带来就业压力的同时，也给中国留学生带来就业竞争的压力。脱离欧盟后，英国更会刻意拉近与中国的关系，这就意味着针对中国公民的各项政策都有可能进行调整。

2016 年 7 月 25 日，英国内政部发布了一项针对国际学生签证的新政策——Tier 4 Pilot。该政策将进一步简化国际学生研究生签证申请流程，并延长国际学生研究生课程签证时长。尽管 Tier 4 Pilot 只适用于即将入读剑桥、牛津、帝国理工学院及巴斯大学研究生学位课程的学生，但却是一个积极的信号。

在某种程度上，英国脱欧后，会引来一个"自己搞定一切"的局面，好处是不用再去和欧盟一同负担其他欧洲大陆小国的债务，坏处就是要彻底地、独立地在这个世界上竞争。在这样的环境下，英国更需要保持对人才和资本的吸引力，以保证国家在欧洲大陆乃至世界的竞争力与影响力。

作为 2016 年的一大"黑天鹅事件"，脱欧的确给人带来不少担忧，因为人在对未来无所适从的时候，总会趋向于保持现状。这也解释了为什么在公投结果出来之后，410 万英国人在议院网站发布请愿书，提议再一次公投，当然最后被否决了。笔者回到英国后，和不少人聊起这个国家未来的去向，以及自身所受到的影响，也是喜忧参半。

一位英国名牌大学市场部总监就向笔者抱怨，说"脱欧"给他们的名声带来很大影响，收到很多海外学生的问询邮件，包括中国学生。大家关心的都是同一个问题——是不是英国就此闭关锁国、再不欢迎国际学生了呢？

这所大学的市场部最近几个月绞尽脑汁，一方面加强市场宣传力度，对国际学生和多元文化表示热烈欢迎；另一方面推出诸多让人眼前一亮的教学新项目。高校与 16~24 岁的学生群体产生了更多互动，吸引他们的兴趣，也让未来的生源及学生家长们觉得"物超所值"。

以前，英国的高校都有股子傲气，觉得自己又不是海飞丝洗发水，没必要四处叫卖。但在 2011 年，英国收紧欧盟以外的国际学生签证政策后，英国本身的国际学生申请数量第一次出现萎缩，还没缓过劲就又被"脱欧"补了一刀。现在高校都放低身段，甚至有一些还在闭门反思，提升自身的学历含金量。

例如，艺术院校史无前例地提供机会，让学生有机会采访一些粉丝众多的当红乐团；媒体专业的有机会和出版商直接合作尝试视频内容制作，还有一些建筑专业也在推广自己做出的经典设计项目。这些新举措体现了英国本身前卫的个性，对于学校而言，这些创新之举的意义就是抢生源。

对于中国留学生来说，这自然是件好事。

用数据说话，国际学生依然重要

2017 年 2 月初，UCAS（Universities and Colleges Admissions Service，英国高等院校入学服务机构）的最新统计显示，在公投脱欧之后，英国全境的大学都遭遇欧盟学生申请数量的缩水，这是近 10 年以来的第一次。

国际学生对英国教育产业的意义有多重大，看一组数据就知道了。

University UK 的统计数字显示，2011～2012 年，英国共有 43.5 万国际学生，其中 70%以上来自欧盟以外，这些国际学生缴纳的学费高达 57 亿英镑，占所有高校收入的两成。这还没计算海外学生给英国带来的社会、经济及多元文化等的各种贡献。

UCAS 的统计并没有提到中国学生申请数量同比去年出现的变化，这是因为一部分中国学生并不是通过 UCAS 申请学校的。虽然 UCAS 的数据库显示欧盟以外国际学生的申请数量与去年持平，不升即降，这个数据依然不容小视。

现在英国是仅次于美国的第二大国际学生求学目的地，而美国因为特朗普的移民政策产生了不少争议，应该说英国其实是在面临着一个机会窗口。

根据泰晤士报的高等教育排名显示，有五所英国大学在国际化的排名中挤入前十。只有继续保持国际化的优势，才会有利于这些高校在新兴市场的拓展。这意味着从教学力量到课程设置，都要与国际竞争力的定位相匹配。此外，作为加分项，越来越多的高校寻求与优秀的机构和企业进行合作，让学生有更多学以致用的机会。

脱欧是如何"倒逼"英国院校求上进的

2017 年初 UCAS 的申请报名截止后，英国很多大学的市场部就开始评估他们招生政策的成效。在笔者看来，英国本地的年轻人更挑剔，因为这毕竟是他们这辈子的第一笔巨大投资。英国大学生每年要花费 9250 英镑（海外生的学费是 10000～25000 英镑），而且很多学生都没有父母资助，用的是免息的助学贷款。换言之，他们一毕业就要背上几万英镑的负债，成为名副其实的"学奴"。

与其刚入职场就"巨债缠身",很多学生甚至开始倾向于放弃读大学,参加英国政府这几年一直在力推的学徒制,做学徒不仅没有经济投入,并且还有微薄工资和日后的工作保障。但英国过去几十年"去产业化"如此彻底,哪里还有什么可惠及大众的学徒制可言?很多高中毕业生一加入学徒制就成了Tesco(特易购,英国著名零售卖场)的廉价搬运工。在英国,大学学历,尤其是名牌大学或是热门专业毕业,才是找到好工作的不二之选。如果大学本身进行自我提升,毕业生的前途就会更有保障。

而让学生们认为这笔投资有所回报,学校只能本着商业的思维,增加用户体验,提升客户满意度——这与激烈竞争下的公司品牌运营和产品质量提升是一个道理。

阿斯顿大学(Aston University)就引入了创新式的"学历学徒制",让学生可以在学习的过程中,也有加入一些名企工作的机会。其实很多大学都在增加类似实践教学的内容,只是名目不同。这些项目不断推出的好处,是让学生在毕业之后可以对专业知识和产业状况都有一个更加符合现实的认知,没准还可以积累人脉,或者至少和一些行业内领先的雇主有所接触。无论毕业后留在英国还是回到中国,这些都是宝贵的软实力。

英国雇主们也同样希望英国高校可以培养出更多的优秀学生,他们有的直接对政府提出诉求,推动政府推出更多的优惠政策,以提升 STEM:科学(Science)、技术(Technology)、工程(Engineering)及数学(Mathematics)。改变现有的学徒制,提升数字和文字的应用能力。

据估计,到 2020 年之前,英国新兴科技产业工人还将存在很大缺口。英国本国教育在数学上也没有太大优势(几乎全球排名都是垫底),国际学生就不同了,其中不乏数学专业、计算机科技专业的高手。这使很多中国留学生在英国众多热门专业中都算得上是拔尖的人才。

英国大学和企业界也陆续出现了针对国际留学生的体验或实习项目,比如留学生在校期间可以进入伦敦股交所、安永、卫报等行业顶级企业完成短期实习项目,如 YES.Global 青年精英计划等。

几年前，因为要给国际学生争取优惠的签证政策，将国际学生的签证数量从每年净移民数量中剔除，英国有超过 100 所高校联合在一起对政府进行游说，当时的口号是"我们是国际化的"。现在，这一行动又有了新内容，其目标还是保住英国高校的国际化声誉。

笔者举了这么多例子，旨在说明一点，"脱欧"看似对留学生是一记重创，其实反而"倒逼"英国大学求上进，对于中国留学生来说，也有以上好处。当然，英国自身的发展，也离不开对国际学生、海外资源的吸引，毕竟，一个更为融合的国家，才会产生更多的活力。

这也是为什么，在这个节点，笔者依然怀着激情与希望，不会因为英国是在"欧洲"，还是在"欧盟"而改变。就像笔者最爱的英国经典电影《Life of Brian（万世魔星）》的片尾曲——Always look on the bright side of life（万事都有阳光面）一样，英国人在伦敦奥运会闭幕时也不忘唱这首歌，他们看起来严肃保守，内心却有着一份荒诞不羁的幽默感。

英国同样也是一个有趣的国家，笔者希望能有更多的朋友来英国学习或生活。毕竟这个时代正发生着许多事情，裹挟在时代洪流中的个体无法改变太多，但总要为自己做一些小小的改变，身体和灵魂，总得有一个在路上。

这是英国脱欧后的第一本有关留学英国的书籍，送给每一个在路上且经历中的人，愿你们在这瞬息万变的时代里，找准自己想要前进的方向。

第二节　留学、工作环境、历史、文化

英国，一个去了就想留下来的国家

那么问题来了，为什么选择去英国留学？

这里有享誉全球的高质量教育水准，在坚守底蕴的同时不断创新，在教育理念上，恪守传统与灵活多变共存得如此和谐，你很难找到第二个像英国这样的国家。举个例子，这里的硕士只需要读一年，可以说是最快的学习年限了，省时又省钱。但是，这一年却分量十足，你必须高效、合理地分配自己的时间，才能学到更多的东西，课程紧凑、资源丰富、自由度大。教授老师们在英国教育里很好地担任了引路人的角色，他不会手把手地教你，但会在分岔的路口，为你把灯打开。英国的高等教育，在默认学生有良好的基础上，能更好地开发你的自学能力和自我提升。

其次是环境，在英国，尤其是伦敦，你走在街头，就可以学到东西，因为这里到处是人文的因子。伦敦如同一个巨大的舞台，布景和演员在车水马龙间各司其职，且没有幕间休息。牛津街上，地面和墙所形成的每一个直角，都散发着一种古今交错的神奇魅力，这里有五彩斑斓的灯光，有两三百年前的建筑，有充斥在消费社会里的"买买买"，也有街头巷尾的安静咖啡馆，这是一种夹着香水与汗水的包容。

英格兰有伦敦，苏格兰有爱丁堡，威尔士有卡迪夫，北爱尔兰有贝尔法斯特。以上是组成英国的四个部分，四个地区相对独立，有自己的行政机构，以及球队。从公元 5 世纪开始，不列颠岛就在凯尔特人、日耳曼人、盎格鲁-撒克逊人之间来回被争夺，分分合合之间，最终形成了如今这个局面。苏格兰大多数是凯尔特人的后裔，英格兰则是盎格鲁-撒克逊人的后裔，就像梅尔·吉布森导演的电影《勇敢的心》里所表现的，苏格兰人和英格兰人的关系一直不太融洽，以致于苏格兰在第一次独立公投失败后，又在酝酿着第二次。

这四个区域各有各的美，也各有各的不同，但对于中国人来说，无论是留学还是工作，喜欢待在英格兰区域的还是居多。值得一提的是，爱丁堡的华人似乎也越来越多了，这是一座非常特别的城市，只要你去过那里，之后看一张有那里街道、山丘或建筑的照片，就知道这一定是爱丁堡。当然，丹尼·博伊尔导演的经典电影《猜火车》，也为爱丁堡这座城市的宣传贡献了不少。

对于很多人来说，英国是一个去了就想留下来的国家，即使在 2012 年，PSW（即 Post Study Worker 政策，旨在让拥有本科、硕士、博士及获得毕业文凭的国际留学生在毕业之后，有 2 年的时间在英国找工作或开展商业活动，有效期为 2 年）签证取消后，留学生留在英国的难度大大增加，但还是无法阻挡想要留在英国的欲望。

当然，摆在眼前的实际问题是，在英国，也许没有足够多的就业机会等着你。但真的是这样吗？其实你在担心的同时，英国雇主们也在担心。

2017 年 2 月，英国市调公司 Trendence UK 针对 2300 名学生做了市场调查，发现近 1/3 在英国的国际学生改变了他们毕业后的志向，这其中以一些欧盟其他国家的学生为主。他们本来计划毕业后在英国找工作，现在却宁可毕业后在欧洲大陆其他国家寻找工作机会，还有一些计划毕业后直接回到自己的国家找工作。这些欧盟学生主要有两个担心：一是懒得以后为签证而挣扎；二是怕以后就业机会减少。

这些顾虑其实都是不必要的，尤其是对于中国留学生来说。为什么这么说？

一直依赖于国际人才的英国经济

不要看媒体上反移民情绪高昂，其实英国国内基础建设的稀缺人才中有三分之二是"外国人"。没有"外国人"，英国很多产业（从航空航天到生物科技）都无以为继。

再说英国高校，学者中有近三成来自英国以外的国家。在类似工程及技术领域，非英国的学者数量占到员工数的 42%；数学、物理及生物领域，38%的员工不是英国人；人文科学领域，35%是外国员工。

这就说得通为什么在公投脱欧之前，英国大学基本是坚决的留欧派。英国大学一直以自由的思考，学生和教员的高度国际化为竞争力，他们自然在"脱欧"这件事上有些"文化敏感"。"保欧"失利之后，这些高校十分懊恼。还有很多国际公司也很沮丧，因为这些公司是靠技术型人才搞创新，没有鸡哪来的蛋？

已经有人发出预警，称 2017 年的毕业生招聘就将初尝人才供不应求的苦果，到明年和后年，招聘优秀海外毕业生的难度还将加大。

可以想见，在未来几年，就业机会不但不会减少，反而会越来越多，随之优秀毕业生的价码也会提高。

国际化程度高低与英国高校口碑

国际化程度的高低直接关系到英国高校的口碑和国际地位。即使如剑桥、牛津等历史悠久的高校，其国际声望的迅速积累和提升也主要是在加入欧盟之后的几十年，其他大学亦是如此。

根据泰晤士高级教育（THE）2017 年初公布的"榜单"，全球排名前十的"最国际化大学"中，有五名来自英国，分别是帝国理工、牛津、剑桥、伦敦大学学院及伦敦政经。这个排名的编辑曾说过："这些全球顶尖的大学学院的生死存亡直接取决于他们吸引全球人才的能力，无论是学生、学者、研究人员，还是经理人员。"

在高等教育领域，无论是英国还是美国或澳大利亚，有一点大家都可以达成共识，就是如果没有国际化的眼光、国际化的网络及国际化的人才，那么一所高校是不可能被看作"世界水准"的。如果英国的国际学生缩水，首先受损的就是学校自身的口碑和说服力。瑞士、新加坡及我国香港地区的高校都有高度的国际化，澳大利亚、新西兰和美国的高校更是不遗余力地"抢夺"国际人才。英国高校国际学生的比例为 38%，在 22 个国家中排名第一，他们自然不会坐以待毙。

脱欧覆水难收，高校拼命挽回

即使在"公投"时没能扭转大势，英国高校还是在积极地想办法。

英国的高等教育数据机构（Higher Education Statistics Agency）统计显示，英国高校学者中的 1/3 都是"外国人"。英国高校还想继续从欧盟及全球其他国家聘用员工和学者，并保证留住老员工。可是作为"未来员工"的资源库，海外学生数量已经出现缩水，欧盟区申请到英国入学的生源数量明显缩水，同时欧盟以外的海外长期生源数目也在降低。

2017 年 2 月，英国议会教育事务专责委员会在牛津大学举办了一场听证会，讨论有关英国脱欧给英国高等教育板块可能带来的后果。结果，这所基业长青的百年名校对英国脱欧可能带来的冲击波十分担忧，他们甚至说没有哪个经济板块比英国教育产业承压更大。

剑桥大学在 2017 年秋接到来自欧盟的申请跌落了 14%，该大学十分担心，他们想不到会有这么多人最终放弃了留学的机会。结果发现不外乎两个理由：第一，英国国内的反移民情绪；第二，英国可能在国际中的地位降低。这让很多有才华的国际学生望而生怯，甚至不惜放弃进入剑桥的机会。

牛津大学甚至已经任命了自己的"脱欧策略总监"。由此可见，英国高校一定会坚定其对国际学生包容又欢迎的态度，不仅是学费这点额外收入的问题，还牵扯到学校今后的国际地位、国际威望和未来数十年后的竞争力。

所以，万事万物不能只看表面，PSW 取消，脱欧，最近几年的一系列举措，让人们很容易唱衰英国的留学和就业，不过我们对应一下英国政府推出的政策，或许就会有新的认识，并能为自身的判断做一定的参考。而关于如何在英国找实习工作，本书会在第 8 章重点介绍。

下面，我们就要来看一看，脱欧至今，英国推出了哪些政策及变化。

第三节　签证留学方面的政策变化

英国"脱欧"以来，在留学和签证方面有着诸多政策的变化，本节重点摘取 2016 年 6 月 23 日~2017 年 6 月 1 日期间，与留学生相关的主要政策的变动。

放宽国际学生签证

前文提到 Tier 4 Pilot，该政策将进一步简化国际学生的申请签证流程，并延长国际学生研究生课程签证时长。

值得一提的是，这是自英国内政部于 2012 年 4 月取消 PSW 工作签证以来，首次放宽国际学生在课程毕业后的留英时间。彼时新上任的首相特蕾莎·梅虽有"留学生杀手"之称，却一上任就发布了放宽签证政策，我们有足够的理由相信，这会是英国政府希望留住人才的信号。未来很可能会扩大到其他学校，并且不仅仅只是国际学生的签证，还有其他类型人才，也同样会放宽签证申请条件。

1. 新政策内容

第一，按照以往的签证政策，在英国读研的国际学生，其签证可以批到毕业次年的一月份，即相当于毕业后可以在英国多留四个月，便于实习、找工作或创业。

第二，符合要求的学生在申请签证时，内政部不再要求必须提供资金或学历证明文件。因此，新政策的签证申请材料和流程将大为简化。需要注意的是，在审理签证的过程中，如果内政部认为有必要，可能还会要求提供相关材料作为补充。

2. 新政策适用学生

适用新政策的学生有两个条件：一是目前仅限于入读剑桥大学、牛津大学、帝国理工学院及巴斯大学四所大学的学生；二是入读研究生学位课程，并且该课程时长不超过 13 个月（不含学前语言课程）。

Tier 2 工作签证配额将优先考虑留学生

从 2016 年 10 月起，英国内政部移民和签证署开始实施新的政策，而且这次对即将毕业的留学生来说，是一大福利。Tier 2 工作签证配额将优先考虑留学生。

不仅工作签证配额会优先考虑毕业生，新政还允许毕业生在获得工作签证后，通过培训期即可转换职能和职位，这在以前是非常繁琐的。

Tier 2 工作签证，对于一般申请人的要求如下：

（1）国籍为欧洲经济区（EEA）和瑞士之外的国家。

（2）已获得有技能的工作（NQF level 6），此份工作与担保公司的业务相关。

（3）已得到担保人的担保，并获得担保人提供的担保函（Certificate of Sponsorship）。

（4）年薪至少 20 800 英镑。

（5）符合英语语言要求，CEFR（欧洲语言共同框架） Level B1 以上（IELTS 各科至少 4.0 以上），或者取得 UK NARIC（英国全国学术认证信息中心）认证的与英国本科学位同等的全英教学的学位。

（6）银行账户里持有连续 90 天的 945 英镑银行存款（如果担保人是 Tier 2 A-rating 的公司，可以在担保函中表明担保申请者的资金，申请者将不用提供存款证明）。

此外，2017 年 4 月起，Tier 2 工作签证的最低薪资将上调至 30 000 英镑，这将促使雇主将目光聚集在奔头十足且对薪资要求不是很高的应届毕业生身上，对于想留在英国工作的留学生来说是一大好处。

学生签证流程简化，材料可直接带回家

2017 年 2 月 9 日，UKVI（UK Visas and Immigration，英国签证与移民局）官网宣布，申请部分英国签证类型，所有申请材料将在英国签证申请中心进行扫描，直接以电子文档发送到英国签证及移民局。

除了申请人有效护照外的其他申请文件，英国签证申请中心将在核实其原件之后进行扫描，并返还给申请者。

申请者在签证审理过程中可以保留相关支持文件（如资金证明、银行流水、收入证明等），且无须再递交相关材料的原文件。当然，你也可以提交支持文件的复印件以供扫描，但要保证文件的清晰度和可读性。笔者建议，还是带原件去签证中心进行扫描，避免有什么问题，白跑一趟。

1. 新流程适用的签证类型

工作类签证：普通和使用加急服务的第一层级、第二层级和第五层级签证。

学生类签证：普通第四层级签证。

定居类签证：普通定居签证。

注意，所有加急和超级加急服务的第四层级签证仍需要继续提交纸质原文件。

2. 新流程推行时间

❖ 北京、上海及广州签证中心自 2017 年 2 月 13 日起。

❖ 沈阳、西安、福州、长沙、成都、南京和杭州签证中心自 2017 年 2 月 17 日起。

❖ 武汉、济南、深圳、重庆和昆明签证中心自 2017 年 2 月 24 日起。

英国签证费用全面上涨

UKVI 发布，从 2017 年 4 月 6 日起，从旅游签到学生签到工作签到创业投资签，甚至永居和入籍，全面涨价，涨幅几镑到几百镑不等，最高涨幅达 23%（永居签证申请涨价 23% 及超级快签服务涨价 20%）。

幸运的是，大部分签证类型（包含工作签证、学生签证、访问签证等）涨幅约 2%，但是部分特殊签证或服务种类涨幅较高，如永居或国籍申请涨幅高达 23%。

Home Office Immigration & Nationality Charges 2017

Fees category	Current Fee	New fee from 6 April 2017	Fee Change
Visas / applications made outside the UK			
Visit visa < 6 months	£87	£89	£2
Visit visa < 2 years [note 1]	£330	£337	£7
Visit visa < 5 years	£600	£612	£12
Visit visa <10 years	£752	£767	£15
Visiting academic - more than 6 months but no more than 12 months	£170	£179	£9
Short term student visa (up to 6 months)	£89	£93	£4
Short term student studying English language for more than 6 months but not more than 11 months	£170	£179	£9
Other visa	£405	£496	£91
Transfer of Conditions (Vignette transfer)	£189	£169	-£20
Points based system - applications made outside the UK			
Dependant of a student granted leave under the rules inplace prior to the implementation of the Points-Based System	£328	£335	£7
Tier 4	£328	£335	£7
Optional Premium Services outside the UK			
Priority visa service - non-settlement	£150	£184	£34
Super priority visa service	£750	£919	£169
User-pay visa application centre	£55	£55	£0
Passport pass-back	£42	£51	£9
Visa application centre appointment - outside office hours	£63	£75	£12

涨价的主要原因是政府认为，申请人在获得永居或英国国籍后，能够更好地享受英国政府所提供的公共福利。此外，针对高净值申请人所推出的境内绿色通道超级 VIP 服务则从原本的 8750 英镑直接涨到 10500 英镑,涨幅高达 20%。

Tier 4 签证到期时间距离新课程开课时间中间必须少于 28 天

2017 年 4 月 6 日，对于在英国续签 Tier 4 general 签证，移民局又新增加了额外条件：现有签证到期时间距离新课程开课时间中间必须少于 28 天，否则会被拒签。（这条规定 2015 年存在，但是 2016 年取消了，2017 年又重新启用）

除此之外，18 岁以下的 Tier 4（general）students 必须额外提供以下材料：

1. 父母双方或法定监护人的书面同意函（consent letter）。

内容须明确与申请人的关系，明确授权同意学生的申请，独立在英国生活和独自前往英国的安排，父母或法定监护人具体监护责任（如父母双方均有责任，或者只有一方具有唯一责任），以及签字。

2. 父母或法定监护人与 Tier 4 visa 申请人之间的关系证明材料。

中国申请：出生证明、独生子女证、户口本、领养证（如被领养）。如果无法提供以上任何材料，可提交由授权机构出具的 DNA 检测结果。

英国申请：只能使用出生证明、领养证明（如被领养）或法院材料。

3. 关于父母关系证明材料，可以使用英国机构开具的关系证明的公证材料（notarised copy），中国有关部门开具的公证材料依旧不能使用。

关于签证的具体时长，本科及其以上学位的时间不能超过 71 个月，在移民局更新说明中，并不包括 Tier 4（Child）students 和年龄为 16、17 岁时的 Tier 4（general） students 的时长。

如申请人之前在其他"英语语言国家"（见下图）获得了学位并且该学位等同于英国学位，但申请人并非该国家国籍，一般情况下，大学会根据申请人在之前英语国家学习的经历，而免除提供雅思或英语语言水平材料。也有一部分大学会视情况来决定，可能需要申请人提供学位证或成绩单来证明自己的英语语言水平。

A – H	I – P	Q – Z
Antigua and Barbuda Australia The Bahamas Barbados Belize Dominica Grenada Guyana	Ireland Jamaica New Zealand	St Kitts and Nevis St Lucia St Vincent and the Grenadines Trinidad and Tobago United States of America

注：对于中国留学生来说，除了英国外，其他英语语言留学国家有澳大利亚、爱尔兰、新西兰、美国。

具体所需要提供的英语语言水平材料如下：

（1）如果 CAS（Confirmation Acceptance of Studies，录取确认函）中明确说明 "the HEI has assessed your English language ability（你的英语能力已被高校认可）"，那么就不需要提供语言水平的证明材料。

（2）如果 CAS 中没有进行说明，或者列出需要提供 Degree certificate（学位证书）证明英语语言水平，那么就需要提供 Degree certificate 原件和 UK NARIC 机构对 Degree certificate 所做的等同于英国相关学位的声明（此声明需要提前与 UK NARIC 联系申请，属于付费项）。

以上便是英国留学大背景和主要政策的变化。接下来，将依次介绍英国的教育体系、赴英留学准备工作（包括从中学到博士的各项申请），以及签证的类别介绍与办理。

第二章 / CHAPTER TWO
初识英国教育体系

贰

　　本章将主要介绍英国的教育体系及其学制，从小学到高中到大学，以及对比中英教育的不同。考虑到越来越多的家长倾向于在中学阶段就将孩子送到英国读书，第二节还收录了笔者的专栏文章，解读英国公立中学的现状。在第三节则由笔者邀请来自英国顶级高校的精英，为大家解读各自相关的热门专业，干货满满，使读者在选择专业时能对专业本身有较为全面的预知。

第一节 英国教育体系介绍

在介绍英国的教育体系前，需要说明的是，英国分为英格兰、苏格兰、威尔士和北爱尔兰四部分。其中苏格兰是一个独特和倔强的民族，在 2014 年 9 月的独立公投失败后，最近又在谋划第二次公投。除了发行和使用自己的货币外，其教育体系也与英国其他部分不同。

本节主要以英格兰的教育体系为例向读者介绍，请参看表 2-1。

表 2-1 UK Education System（英国教育体系表）

Age （对应年龄）	England & Wales （英格兰&威尔士）		Scotland （苏格兰）
3	Nursery（幼儿教育）	Foundation Stage	Nursery
4	Reception（学前班）		Nursery
5	Year 1		Primary-P1 （小学）
6	Year 2		P2
7	Year 3	Primary Education	P3
8	Year 4		P4
9	Year 5		P5
10	Year 6		P6
11	Year 7	Secondary Education	P7
12	Year 8		Secondary-S1 （中学）
13	Year 9		S2
14	Year 10	GCSE	S3
15	Year 11		S4
16	Year 12	Further Education	

（续表）

Age （对应年龄）	England & Wales （英格兰&威尔士）		Scotland （苏格兰）
A-level / IB	S5		
17	Year 13		S6
18	Bachelor Degree （本科）		
3 years	Bachelor Degree		
4 years			
19			
20			
21			
22	Master Degree（硕士）　　1~2 years		
23	Doctorate（博士）　　3~5 Years		
24			
25			
26			

　　英国的小学学制（Primary Education）为 6 年，学生从 5 岁开始入学。中学分为 Secondary Education 和 Further Education，可以理解为中国的初中和高中。Secondary Education 学制为 5 年，学生毕业参加 GCSE 考试，考试成绩的好坏决定了能够升入什么等级的学校，类似于中国的初中升高中的考试。想要进入大学继续深造的同学可以学习 A-level 或 IB 课程；而以就业为目标的同学，则可以学习 BTEC 课程，相当于中国的职业高中。

　　由于英国的高等教育被国人认为是西方教育最精华的部分，因此许多中国留学生选择来英国读大学。其中一部分学生选择在英国读完 3 或 4 年本科后就回国或去其他国家，大部分学生会选择在英国读完硕士，也有少部分"圣斗士"们选择在英国读完博士，以完成终极的学位梦想。

小学教育

英国的 Primary Education 相当于中国的小学阶段，学制也是 6 年，年龄主要为 5～11 岁的学生，在 Primary 阶段的主要教育目标是：培养小学生基本的听说读写能力、数学运算能力以及其他一些科目的基础知识（如音乐、艺术等）。学生在完成该阶段的学业后，要参加 Common Entrance Exam（普通入学考试），然后才能进入下一阶段的学习。

中学教育

英国中学教育是为学生未来升入英国大学打基础的阶段，其中比较重要的两个阶段是 GCSE 和 A-level。学生在申请英国大学时，学校主要以学生的 A-level 成绩为准，并参考 GCSE 成绩。下面重点介绍 GCSE 和 A-level 的区别，并简单了解一下可以全球通用的 IB 课程。

1. GCSE

GCSE（General Certificate of Secondary Education，普通教育中等证书），是学生在 Secondary School 的最后两年（Year 10 和 Year 11），相当于中国初中的最后两年。在这两年时间里，学生要准备并进行 GCSE 考试，学生凭借 GCSE 考试成绩可以升入 A-level、选择职业教育或进入社会工作。

很多国际学生也利用这个接入点来衔接英国的教育，英国大学在录取的时候也是要参考 GCSE 成绩的。就读 GCSE 通常要求学生年龄在 14 岁以上，并且有一定的数学和英文能力，同时学校要另行进行测试。

学生在完成 GCSE 后，通常要拿到 5～10 门的 GCSE 成绩。GCSE 的科目选择众多，课程分为必修课和选修课，每所学校开设的课程也不太一样。必修课科目主要包括数学、英文、英国文学、科学（物理、化学、生物）、IT 等；选修课科目主要包括历史、地理、音乐、戏剧、经济学、心理学、社会学、外语（法语、西班牙语、德语等）等，学生可以根据自己的兴趣爱好和将来大学就读的方向自行选择。如果不确定自己要读什么，可以先试读一些科目，之后觉得不适合自己的话，还可以更换科目。

2. A-level

A-level（General Certificate of Education Advanced Level，普通教育高级证书），相当于中国的高中，年龄主要为 16～18 岁的学生，是学术路线的重要阶段。学制分为两年，第一年是 AS Level，第二年是 A2 level。

A-level 的专业分科极为细致，有近百种科目可供选择。学生通常在第一年（AS-level）选择 4 个科目学习，第二年（A2-level）从中选出 3 个比较擅长的科目继续学习，最后这 3 个科目的成绩将作为未来升入大学的主要评定标准。

A-level 科目的选择非常重要，在后面的章节中将会详细介绍。大部分学生会在 A-level 结束后，继续进入大学进行深造。

3. IB 课程

IB（International Baccalaureate，国际文凭），最初是为了满足外交官员子女的教育而设计的，方便他们随父母在各个国家接受教育。IB 课程为世界所认可，目前英国有 190 所学校开设 IB 课程。该课程级别等同于 A-level，学制为两年，接受年龄为 16～19 岁的学生入读。

与 A-level 不同的是，IB 课程要学习 6 门，总体难度比 A-level 高，只有那些智商和情商都比较高的学生才能在 IB 考试中取得高分。学生可使用 IB 成绩申请英国大学，课程满分为 45 分，只要取得 24 分的成绩就可以获得 IB 文凭。如果想申请牛津、剑桥这类高校，则需要取得 40 分以上的成绩。

高等教育

在英国就读的留学生中，以接受高等教育的学生居多。根据学历层次统计，在英国读一年制的授课型硕士学生为最多，其次是本科，再次是少数"学霸"能坚持到的 PhD。下面分别介绍这 3 种高等学位教育。

1. 本科（Bachelor）

英国的本科学制通常为 3 年，但苏格兰的本科学制比较长，需要 4 年的时间，医学等一些特殊专业，则需要更长的时间。学校会根据学生最终取得的成绩，将获得的学位划分为五个等级，分别为一等学位（1st）、二级甲等（2:1）、二级乙等（2:2）、三等学位（3rd）和普通学位（以及格分毕业）。

部分院校的本科还为学生提供了带薪实习的"三明治"课程，为学生拓展实践经验和增加就业砝码。学生还可以选择 Exchange Programme（交换生计划），利用一年或半年时间到其他国家交换。学生本科毕业后，可以选择就业，也可以选择继续升读研究生课程。

"三明治"课程是英国教育的一大特色，顾名思义，"学习+工作+学习"的这种模式，就像"面包+火腿+面包"的三明治一样。本科的"三明治"课程一般是前两年上课，第三年实习，第四年再回校继续上课并完成毕业论文。这样安排的好处在于，学生可以在理论与实践中来回切换，增加自己对知识储备的运用。

2. 硕士（Master）

英国的大部分硕士学制为 1 年，只有少数院校和专业的硕士课程学制为两年。硕士课程分为授课型和研究型两种，大多数留学生会选择授课型，两种硕士课程的区别在于，以老师授课为主还是以学生独立研究为主。研究型硕士课程多为理工科专业。

如果学生成绩合格，那么只要通过最后的论文答辩即可获得 Postgraduate Degree（硕士学位），少数未完成毕业论文或毕业设计的学生只能获得 Postgraduate Diploma（硕士文凭）。Degree 和 Diploma 的区别在于，后者仅仅是学历，无法被认证为硕士学位。

硕士课程也会提供实习和短期海外院校交换的机会。硕士的学位等级由低到高被划分为 Fail（不合格，没有通过硕士课程，不能获得 Degree，只有

Diploma）、Pass（合格）、Merit（良好）和 Distinction（优秀）。大多数学生会在硕士毕业后选择就业，只有少数想要从事研究的学生会继续攻读博士学位。

3. 博士（PhD）

博士课程主要是在导师的指导下进行独立研究，学制为 3～5 年。根据数据统计，学生平均完成学位的时间是 4 年，什么时候毕业取决于什么时候能通过论文答辩。博士的开学时间相对于本科和硕士而言比较灵活，通常在 9 月和 1 月，有些学校也选择在 4 月开学。

学生在申请读博士的时候，要向导师提交 Research Proposal（研究计划书），以阐明自己将来的研究方向。社会上，有许多组织或机构为攻读博士的学生提供奖学金，多数博士生毕业后会选择进入高校授课或进入科研机构继续从事研究工作。

英国的博士课程并没有太多的"课"可上，学校之所以给予学生 PhD 的就读机会，是建立在充分信任学生的知识储备和学术能力的基础上。一般来说，入学后要做的第一件事就是修改毕业论文的提纲，然后迅速开题，导师会给学生提供指导与建议，但更多的是靠自己。

第二节　中英教育大不同

中国的教育和英国的教育有很多不同之处，这也是很多留学生初来乍到很不适应的原因。这里将从学制、教学方式、考评和升学方式几个方面来进行介绍，希望读者能初步了解英国的教育，为将来的英国留学做准备。

中英学制对比

中国普遍的大学前教育是 6+3+3 的模式，即小学 6 年、初中 3 年、高中 3

年。学生初中毕业后，9 年义务教育结束，可以选择升读高中、职业学校或就业。英格兰是 6+5+2 的模式，学生完成 11 年的强制教育后，会参加 GCSE 考试，之后可选择就业，或者就读 BTEC 等课程，也可以选择就读 A-level 或 IB 课程为升入大学做准备。

中国的高等教育本科通常为 4 年，硕士为 2~3 年，博士为 3~5 年；英国的高等教育本科通常为 3 年（苏格兰 4 年），硕士为 1~3 年，博士为 3~5 年。相对于中国的高等教育，英国的高等教育学制比较短，课程也比较浓缩，这也是来英国就读高等教育的学生数量占据留学生大部分比重的原因之一。虽然英国高等教育学制比较短，但是学习的内容难度比较高，目的是为学生成为各行各业精英做好充分的铺垫和准备。

公立和私立教育

公立和私立教育在教育质量上的大相径庭，也许是中英教育之间最显著的区别。

中国目前的教育以公立教育为主，从基础教育到高等教育，主要的教育资源都集中在公立院校。私立教育在改革开放后逐渐兴起，但是只占据了整个教育体系中很小的一部分。最初只是本土的一些民办小学、中学、大学，相对来说，中国私立学校的教学质量一直没有得到足够的重视。

但进入 21 世纪后，一些比较大的国际教育机构也开始进军中国市场，比如师资力量雄厚的国际中、小学，甚至幼儿园，另外，一些英国优秀的私立学校也在中国开设了分校，如哈罗公学北京分校。教育资源的分布相对得到了平衡，也让中国的学生和家长拥有更多的选择。

英国是公立和私立教育并存，大学前的教育是私立教育比较好。公立教育提供平均程度的大众化教育，而私立教育是培养少数精英的教育，英国的中产阶级家庭会把学生送入私立小学和中学，让孩子接受更好的教育。在英国的高等教育阶段，大多数优质教育资源集中在公立大学中，例如牛津、剑桥及泰晤士排行榜上的部分高校都是公立院校，其教育资金来源于政府和其他机构的资助。

不过，目前英国也面临着公立中学越来越不受欢迎的问题，具体内容可见本节收录的文章《英国公立重点中学为什么越来越少了》。

考评和升学方式

中国教育的升学方式是一考定终生，由中考或高考的一次考试成绩，决定学生能够升入什么样的学校。如果第一年考不好，那么只能复读一年再重新考，而且上一年的考试成绩作废。英国的升学方式，虽然在 GCSE 和 A-level 阶段也需要考试，但是学生可以使用自己最好的成绩来申请心仪的学校。如果是 re-take（重修）的话，上一年的 A-level 或 GCSE 成绩依旧可以使用。

关于对学生的考评方式，中国的教育主要是以考试为主；英国的教育除了考试以外还有各种评定方式，如 Essay（小论文）、Presentation（报告）、Debate（辩论）、Project（课题）等，而且每个科目成绩是由期中成绩＋期末成绩占据不同比重核算而成，平时成绩也会计入最后的成绩评定。

教学方式

关于中西方教学方式最形象的描述是"植树式"和"放羊式"的教育对比。由于中国人口众多、教育资源有限等客观原因，中国院校的师生比例比较高，通常在大学前教育的师生比例是 1:50，与学生互动比较难，因此教学采取的是灌输式的教育，只听老师一人之言，学生有不懂的问题可以向老师提问，但很少会有学生对老师的观点提出不同的意见。

而在英国，班级规模比较小，学生可以与老师充分互动，老师给予学生充分关注。学生可以质疑老师的观点，只要能证明你的论点是正确的就可以。学习方式是在老师指导下的启发教育，让学生自己去认知和探索知识的海洋。所谓西方的"放羊式"教育是给予学生充分的自由，但又不能过分偏离轨道，老师会把那些不小心跑出羊圈的小羊引回正确的轨道。

除了以上几个方面外，英国教育更加强调学生的批判思维能力、独立思考能力及团队协作能力。在有条件的情况下，学生可以着重进行如上一些能力的培养，比如多参加一些课外活动、体育运动、夏令营等来锻炼独立生活的能力等。

英国公立重点中学为什么越来越少了

在英国，如果面试国家政府"公务员"，你会被问到很多奇怪的问题，从父母的工作到读中学时的邮政编码。为什么要问这些问题？因为英国也分学区，好的学区就有好的学校。当然，类似于伊顿公学这种院校，虽然属于私立名校，邮政编码却是斯劳（Slough）市下面的，所以很多大企业在面试时甚至会直接问你，中学时读的什么类型的学校。

这时，最令雇主放心的回答只有两种：著名私校和文法学校。不仅是"公务员"，如果想进入四大会计师事务所，或者国际性投资银行，大学文凭固然重要，同样中学的学校也很重要。

英国的私立学校名气在外，很多中国的父母愿意让子女做"小留学生"，从初中起就到英国读书，也是为了让孩子受到优质的教育。英国的私立学校只吸纳了英国学生总数的 7%，却培养出了 71%的高级军队指挥官，61%的知名医生，以及 51%的高级记者。所谓"不要让孩子输在起跑线上"，并不是中国特有的。

与私立学校相比，文法学校（Grammar School）可能很少听说，其实文法学校就是英国的公立"重点中学"。他们的教育水平不亚于优秀的私立学校，并且不用缴纳高昂的学费。文法学校出现在 16 世纪的英国，一开始是贵族学校，学习拉丁语和古籍经典，在 1944 年教育法案改革时，变成公立教育，免费接收优秀学生。与普通高中唯一的不同就是，进入文法学校需要经过严苛的考试。因为这些考试在学生 11 岁（小学六年级）的时候进行，所以也称"11+"考试。如果不参加考试或落选，那么就直接按学区进入普通高中。要进入文法学校，要么之前接受过英国的私立学校教育，要么请家教。

在 20 世纪六七十年代，由于文法学校被工党指责为有分化阶级的嫌疑，旨在突显中产阶级的优越性，而不利于社会公平化，因此在 1965 年大部分文法学校被取缔。二战之后，英国留存了 1207 所文法学校，但到 20 世纪八十年代只剩下 150 所。在批判者看来，这个系统不过就是一种社会淘汰制，在孩子们 11 岁的时候，就把他们分成"成功者"和"失败者"。

现在，英国的普通中学在英格兰有 3000 所，但文法学校只有 164 所。如果不是一些地方政府在 1965 年后抵制住了来自中央政府的压力，仅存的这 164 所文法学校也可能早就进入历史教科书了。2015 年底，肯特文法学校在经过很长时间的权衡之后，决定要建一个分校。这是半个世纪以来英国创办的第一所新的文法学校，又让大家重拾对文法学校的各种讨论。

在中国人看来，学校因材施教是一种科学的教育方法，优秀学校的存在就如同一种标杆，鞭策学生上进，但是在英国，这种传统的选择式精英教育因为政治原因被打压，也是很遗憾的一件事。

1. 关于英国的文法学校

首先，文法学校是英国重视教育家长们的不二之选，竞争非常激烈。一些高薪工种，从律师、法官到内阁大臣、医生、甚至记者，大部分来自英国的私立学校和文法学校。

毕竟，从中学开始就可以一直接受免费的优质教育，还可以免去 16 岁 A-Level 时再次择校的周折。笔者有一位朋友，为了让儿子读文法学校，在伦敦买房时特意选了"学区房"，他们区域里的文法学校有 450 多年的历史，被当地人交口称赞。在这所学校，每年都会有十多名学生顺利进入牛津或剑桥。

但是，这种优质免费的教育让入学成为一场噩梦，甚至比中国的高考还要残酷。有一次，因为几百名家长同时涌入一所名叫 Surrey 的文法学校，情势混乱，甚至动用了警察来维持秩序。另一所肯特郡的文法学校由于需求太多，竞争异常激烈，要求学生在"11+"的考试中必须要拿到至少 99.5%才可能有望入学。优质教育资源越来越稀缺，让很多家长甚至从孩子两岁时便开始请私教，帮助他们准备 9 年后的"小升初"考试。

现在，很多优秀的文法学校时常能接到来自新加坡、韩国、加拿大、孟加拉等国中学生家长的电话，咨询如何让子女入学。实际上，就连英国的孩子们都要"削尖脑袋"才能获得入学的机会。

统计数据显示，至少有 10 所文法学校的入学率都超过 10:1，几乎一半通过了"11+"考试的学生，最终都因为学校满员而无法入学。因此，很多学生会同时参加 4 或 5 所文法学校的入学考试，以确保可以最终入学，有的学生甚至还要离开家去另一个城市的文法学校读书。对于这些学生家长来说，如果他们的孩子无法入读文法学校，第二选择依然不会是普通中学，而是私立学校，同时也将大大加重家里的经济负担。

2. 关于"学区房"

和英国的普通中学一样，公立的文法学校也有"学区"，比如在多少公里范围内可以报考，超出一定距离不允许报考；很多学校也给出少数比例收取"学区"以外的学生；少数文法学校对居住地没有要求。笔者认识的一位在英国的中国家长为了给 3 岁的女儿早做准备，把 164 所文法学校的地址都进行了统计并考察了一遍，就是为了早日买一套靠近好学校的"学区房"。

买了"学区房"之后，只是拥有了一张进入文法学校的门票，真要入学还需要经过严格的考试。通过了这种筛选，不仅是给今后大学进入名校，甚至给以后的职业生涯都铺平了道路。

"11+"的考试十分苛刻，包括文字推理、图形推理、数字推理，以及英文理解、标点和语法及创造性写作。简单来说，必须要有良好的四则运算基础，以及大量的英文阅读能力，此外还需掌握逻辑图形和逻辑思维技巧，这种全方位的考量一般小学是不会教授的。

文字推理和数学推理在英国精英教育中是很重要的一部分，一些国际型大公司面试考试中经常会用到，而在这个教育体系外的很多学生，面对同样的面试考试时完全摸不到头脑。

因此，英国文法学校的学生多为中产阶级子弟，他们之前大多是在优质的私立学校就读，或者是请私人课外辅导老师，这也是英国左翼痛恨文法学校的原因。虽然文法学校本身是免费教育，但是背后都是家长花费不菲给孩子请家教，这在家境不好的家庭中很难想象。

这些年，家长们对推行"选择性"教育呼声更加强烈，但一直得不到政府的回应，甚至在工党赢取 1997 年大选时，还勒令禁止开设新的文法学校。他们当年还建议各地政府在已有的文法学校禁止通过考试入学，但受到当地家长的抵制，最终没有下文。

其实私下里，因为需求逐年增多，很多文法学校也在悄悄扩张，以接纳更多的学生。在 1983 年，英格兰只有 11.7 万名学生就读文法学校，占中学生数量的 3.1%，但到 2007 年，在历届政府的打压之下，文法学校的学生依然上升到了 15.68 万名，占学生数量的 4.8%。2016 年，文法学校的学生数量更是突破了 16 万名，占英格兰中学生数量的 5%。

是不是要通过私教和入学考试给学生分三六九等，选择式教育，还是所有教育都免费且惠及大众？当然，这个问题对于英国的政客来说，就是个"烫手山芋"，谁也不愿碰，更不愿意落一个政治不正确的臭名。但也许有一天真的私教这个职业会消失，英国的孩子们都可以无忧无虑度过六年级，再开开心心接受优质的中学教育。这可能么？

或者说，英国推行了 40 年的人人平等的综合教育中学体制，最终被证明不过是个乌托邦梦想。

第三节　热门专业解读

在探讨英国留学的热门专业前，我们先来看一份 UKCISA（英国国际学生事务协会）统计的数据。该数据统计了世界各地学生来英国留学的热门专业选择，其中最热门的依然是商科相关专业，这与中国学生的选择不谋而合，其次是工程相关专业。法律专业也是其他国家学生喜欢的，但是中国学生来英国读法律专业的并不多，因为中英两国采用的是两种不同的法律系统。学艺术类的中国学生也呈现逐年上升的趋势。表 2-2 为国际学生专业选择数据统计。

表 2-2　国际学生专业选择数据统计

学习科目	国际学生比重
Business & administrative studies（商科与管理学）	38.4%
Engineering and technology（工程技术）	33.1%
Law（法学）	26.3%
Architecture, building and planning（建筑与规划）	25.4%
Mass communications & documentation（大众传播与文献收集）	23.0%
Mathematical sciences（数学）	21.6%
Computer science（计算机）	20.4%
Social studies（社会学）	19.8%
Veterinary science（兽医）	18.9%
Languages（语种）	17.7%
Creative arts and design（艺术与设计）	16.2%
Medicine and dentistry（医学与牙科）	16.0%
Physical sciences（物理学）	15.8%
Agriculture and related subjects（农业与相关学科）	12.4%
Historical and philosophical studies（历史与哲学）	10.9%
Biological sciences（生物学）	10.8%
Subjects allied to medicine（医学与相关学）	7.7%
Education（教育学）	6.1%
Combined（双学位）	6.0%

来源：UKCISA

International student numbers by subject area 2014-15

商学院专业解读

　　商学院是历来比较受国际学生青睐的学院，也是聚集了最多中国学生的学院。商学院的专业选择繁多，其中最受欢迎的就是金融会计相关专业，还有比较热门的就是商务管理（Business Management）、市场营销（Marketing）、酒店管理（Hospitality Management）、人力资源管理（HRM），以及受有工作经验人士欢迎的 MBA 课程，近些年像项目管理（Project Management）、企业与创新管理（Enterprise and Innovation Management）等专业也同样倍受有工作经验人士的青睐。

　　下面先介绍商学院的十大重点专业。

1. 工商管理硕士（MBA）

　　英国名牌商学院的 MBA 课程一般需要学生具有 3～5 年的工作经验，现在，越来越多的商学院也开设了专门针对应届毕业生的 MBA 课程。那些有工作经验的学生学习 MBA 课程，是以继续接受职业培训，提高自己管理水平为目的。所学课程主要包括管理学、会计学、市场营销、企业战略管理、组织行为与人力资源等。

2. 综合类的商务及管理类课程（General Business/Management）

　　该类课程基本对学生的专业背景没有要求，接受来自不同专业背景的学生。很多暂时没有明确专业方向的学生会选择这个专业。所学课程主要包括金融、管理学、市场营销、组织分析学、研究方法等。

3. 国际商务与管理（International Business and Management）

　　随着全球经济对工商界的影响，部分英国大学开设了该方向课程以培养训练全球化人才。课程涵盖了国际会计、研究方法、比较文化与传播、企业经济学、国际市场营销等。

4. 人力资源管理课程（Human Resource Management）

人力资源管理课程适合喜欢与人打交道，将来想进入企业人力资源部门的学生。人力资源管理基本有三个方向：绩效管理、员工培训、员工招聘。所学课程主要包括劳资关系、人事管理、组织行为与分析、研究方法等，涉及统筹绩效、人员考核、培训等。

5. 市场营销（Marketing）

市场营销课程适合创造能力强、思维灵活，喜欢接受挑战并善于与人沟通的人。所学课程主要包括市场营销专业技能（Professional Skills in Marketing）、市场管理（Marketing Management）、零售营销（Retail Marketing）、营销传播（Marketing Communication）、消费者行为研究（Consumer Behavior）、消费者心理研究（Consumer Psychology）等。

6. 风险管理（Risk Management）

风险管理是一门跨越自然科学和社会科学的边缘学科，该方向涉及财政策略、保险和风险理论、资本市场分析、管理经济学等课程。毕业生可以从事各种各样的工作，如公司税务、客户关系管理、经济学、金融危机、市场分析、运营分析、风险咨询、保险业、统计等。

7. 金融相关课程（Finance）

在硕士阶段，金融专业一般是与其他相关领域的课程结合在一起来学习，如会计、管理、经济等，或者被划分得更细，如银行、投资、货币等。对数学要求较高，该专业适合有相关专业背景的学生，如数学、金融、经济学等，部分院校也接受来自工程和计算机专业的学生。所学课程主要包括衍生证券（Derivative Securities）、资产评估（Asset Pricing）、金融学研究方法（Research Methods in Finance）、基础金融学（Foundations in Finance）。

8. 电子商务（E-business）

有些学校会把电子商务（E-business）专业划分在计算机学院里，而有一部分学校则分在商学院里。这个专业适合有计算机背景或有商科背景的学生，并对数学有一定的要求。所学课程主要包括电子营销、电子商务法、网络原理、市场与组织等。

9. 物流管理相关专业（Supply and Logistics Management）

物流管理专业一直被认为是在中国比较有发展前景的专业，目前，中国的物流行业还没有完全成熟，物流成本占到了整个 GDP 的 20%以上，是发达国家的两倍。因此，将国外先进的经验带回国已成为留学生们的一项使命，学成归国后，可以进入制造业、服务业及其他公共部门。所学课程主要包括合同管理、后勤学、物流、库存储藏技术等。

10. 项目管理（Project Management）

项目管理专业接受来自其他各个专业的学生，细分方向也比较多，如 IT 产业管理、工程管理、技术管理等。很多学校的项目管理课程是由商学院与其他学院合办的。该课程主要培养学生对各类项目决策、咨询、监理、评价和该项目全过程管理工作的能力。

以上是对商学院专业的大体介绍，下面就请学无国界的超级导师为大家详尽解析商学院"钱"景看好的经济学专业和热门的金融专业。

经济学学什么，以及它真的很"赚"吗

作者：Jiwei Zheng

行为/实验经济学博士

现任东安格利亚大学经济学院高级研究员

学术成果曾在 Management Science 等世界级学术期刊上发表

写这篇文章的目的，是为了用一些比较简明的语言，给想要去英国学经济学专业的学生们回答一下疑惑。作为一个已经在英国学习和生活了 10 多年，从本科到博士的专业也一直是经济学，并且现在依旧在经济领域工作的学者，我经常会遇到想留英的学生问我一个类似的问题：学经济学好吗？显然，这是一个很笼统的问题，单纯的回答"好"或"不好"都可能会让对方觉得你在敷衍他。因此，每次在遇到类似问题的时候，我总是会花费很长时间给提问者从头解释经济学究竟是学什么，经济学有什么要求，经济学能做什么，学经济好不好找工作，找到的工作工资水平怎么样……久而久之，发现与其一个个问题的口头解释，还不如写一篇短文来介绍更有效率。

尽管经济与我们的日常生活息息相关，很多还没开始学经济的学生对于授课内容还不是很了解。在介绍经济学之前，我必须告诉读者一个很多人容易搞错的概念：经济（Economics）和商科（Business）是两个不同的学科。尽管在国内或是在英国，一些经济学院被划分在商学院里，尽管经济和商科在有些领域会出现一些交叉，但其实这两门学科是有很大区别的。我们平常所见到的"会计""管理""市场营销"都属于商科的范畴，经济专业的核心并不包含这些。

在英国的大学里，经济学真正的核心课主要有三门，分别是"宏观经济学""微观经济学"和"计量经济学"。

　　宏观经济学是研究一个国家或一个经济体整体的经济运行规律，比如国家对经济的宏观调控，就是利用了宏观经济学的理论和知识。微观经济学研究的是个体经济行为，这些个体可以是人、企业或公司。微观经济学其实是在教你如何利用自己手中有限的资源，得到想要的东西。计量经济学是教你如何利用统计的方法，通过手中的数据来描述一件事物的运行规律，或者预测它未来的走势，比如很多专业人士预测股票走势就是利用计量经济学的知识。

　　说到这儿，可能有人会疑惑：我明明听说过很多的经济学专业，如产业经济学、金融学、组织经济学、行为经济学……你为什么说只有三门呢？其实，这些经济学的专业，都是从这三门核心内容衍化出来的。到英国读经济学专业的硕士研究生会发现，通常的授课内容都是上面提到的三门核心课，再加一门专业课和部分选修课。专业课和部分选修课，实际上就是三个核心课程的某一个小方向上的延展。

　　英国高等教育的经济学学位与其他国家一样，分为学士、硕士和博士，在这里值得一提的是英国经济专业的硕士学位。抛开经济不谈，英国的硕士大体分两种：研究类的硕士和授课类的硕士。研究类的硕士（MPhil）学制，一般为两年，课程的内容主要是在搞研究；授课类的硕士学制为一年，主要是听课、考试和写论文。我们经常说的去英国读硕士，大多数指的是读授课类的硕士。与其他专业不同，授课类的经济学专业硕士又分为两种：文科类硕士（MA）和理科类硕士（MSc）。这两种硕士学位最大的区别就是在对数学的要求上。顾名思义，理科类的硕士对数学的要求要比文科类的硕士高一些。但无论是读哪种学位，都至少需要对数学和统计有基本的了解。

　　那么最重要的问题来了：读经济学专业好不好？其实好与不好是一个很主观的概念。我觉得很多问这个问题的学生们，其实想要问的是经济学专业毕业后好不好找工作，找到的工作薪水高不高？为了回答这个问题，我们先来看一下英国大学经济学毕业生的薪资状况。

根据 2016 年 10 月份出版的"英国高等教育统计"的数据，在 2014/2015 年度，经济学毕业生专业岗位的平均薪资水平排在 70 多个不同专业中的第 5 位，平均薪资为每年 28 157 英镑/年（大约为 250 000 人民币），这个数字要高于物理学毕业生的 25 047 英镑/年，会计和金融毕业生的 23 180 英镑/年，法学毕业生的 20 421 英镑/年和心理学毕业生的 19 927 英镑/年。比经济学毕业生薪资高的 4 个专业为牙医学、化学工程、补充医药学和医学。除了牙医学的平均薪资为 30 432 英镑/年以外，其他的三门学科的平均薪资只是略微高于经济学（年薪差距没超过 500 英镑）。

在毕业 10 年以后，经济学毕业生的平均薪资水平排在所有专业的第二位，大约为 40 000 英镑/年（大约为 350 000 人民币）（数据来源 BBC），仅次于医学。大家都知道，与医学相关的学科无论是时间上还是金钱上，初期的投入都非常大，因此，从这些数据中可以看出读经济学是一个性价比非常高的选择。

可能有人会问，经济学的薪资水平虽然高，但是工作好不好找呢？英国经济学毕业生的失业率大约为 6%，专业职位的就业率为 55%，也就是说，100 个人中会有 55 个人找到需要经济学学位的工作，有 6 个人找不到工作。经济学专业职位的就业率要比所有专业平均值（51%）高，而失业率等于英国各专业失业率的平均值（数据来源:英国高等教育统计 2014/2015）。经济学毕业的学生在找工作的难易程度上算是中等。

经济学专业毕业后能做什么工作？其实经济学专业的毕业生择业面是非常大的，正所谓生活无处不经济。当然，有很多行业是需要有经济学专业背景的，例如商业银行或投资银行里的一些职位，如保险精算、数据分析师、投资分析师、经济顾问、评级机构、经济学家（学者）等。值得一提的是，英国很多经济学的毕业生在政府和媒体等部门工作。由此可见，经济学是择业面和兼容性很广的一门学科。这也是为什么一些大学的经济硕士（尤其是文科类）并不限制本科非经济学专业的同学们申请。

虽然经济学专业听起来挺不错，可并不是所有人都适合学经济学的。首先，无论文科类的硕士还是理科类的硕士都需要有一定的高数和统计基础，尤其是在学计量经济学的时候。因此，没学过高等数学的同学在申请经济学专业的时候要慎重考虑。其次，到欧美国家读经济学专业的同学大多会被要求写许多的专业论文（毕业论文大约需要 1 万字左右），这就需要同学们要有一定的英文听说读写能力（大约为雅思 6.5 分水平），假如英语实在不过关，那就需要想办法提高一下自己的英语水平，否则在攻读学位的时候恐怕会吃力些。因此在选择经济学专业之前，一定要客观地思考一下自己是不是真的适合。如果各项条件都符合，而且对经济学也比较感兴趣的话，那么就不要再犹豫了，经济学一定是你的不二选择。

金融专业解读

作者：景超

帝国理工数学系学霸一枚，2017 年 6 月完成 CFA level II 的考试

入职富达国际（Fidelity International）

从事对固定收益基金的业绩分析工作

在学无国界所接收的申请中，有 30% 左右的学生申请的是金融相关专业。学习金融专业对学生的数学能力、逻辑分析能力要求比较高，要求学生运用金融模型去解决问题。学习金融专业学生的就业方向主要集中在商业银行、投资银行、证券公司、保险公司，以及一些咨询公司。总体来说，金融专业的毕业生收入会比其他专业高一些，这也是金融专业如此热门的原因之一。

金融专业分为很多专业类别，如金融分析、金融管理、金融数学、银行金融等。这里列举了一些常见的金融专业，供大家申请的时候参考：

❖ Finance BSc（金融学）；

❖ International Finance，MFin（国际金融）；

❖ Banking and Finance，MSc（银行与金融）；

❖ Financial Economics，BA（金融经济学）；

❖ Computational Finance，BSc（计算金融学）；

❖ Finance and Investment，MSc（金融与投资）；

❖ International Financial Analysis，MSc（国际金融分析）；

❖ Financial Economics and Accounting，BA（金融经济学与会计）；

❖ Economics, Accounting and Finance，MSc（经济学，会计学与金融学）；

❖ Accounting and Finance，MSc（会计与金融）；

❖ International Accounting & Financial Management，MAcc（国际会计与金融管理）；

❖ International Corporate Finance & Banking，MSc（国际公司金融与银行）；

❖ Financial Management，MSc（金融管理）。

（1）金融领域的"黄金认证"——CFA

CFA（Chartered Financial Analyst，特许金融分析师），是由美国投资管理与研究协会（AIMR）于 1963 年开始设立的职业资格证书考试。CFA 是全球投资业中非常严格和含金量较高的资格认证之一，无论是在知识体系、专业标准还是道德操守方面都对考生有着极其严格的要求。

（2）就业前景和收入

CFA 考试分为三级：Level I、Level II 和 Level III，一级比一级难考。如下图所示，拿到 CFA level II 和 Level III 的人，工资要比 Level I 资质的人高出 20% 和 35%。据 CFA 官方曾经做过的统计，在 CFA 所有已注册的学员中，全球 CFA 持证人的平均工资在 180,000 美元，可见 CFA 的证书含金量有多高。

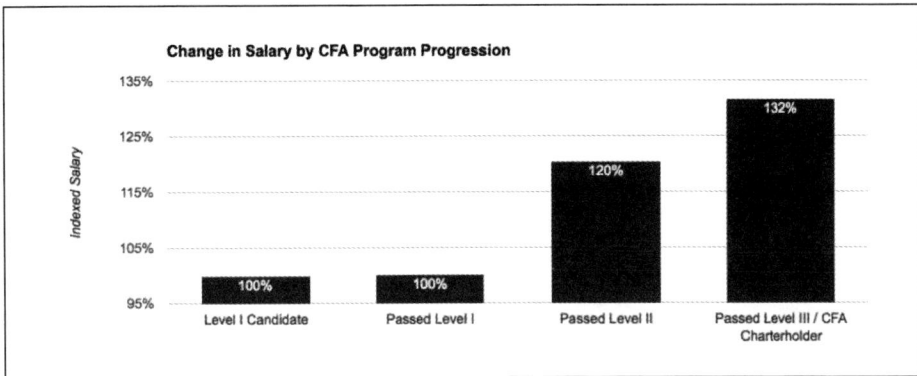

Change in Salary by CFA Program Progression

来源：CFA Candidate

随着近年来全球金融行业的高速发展，越来越多证券业之外的行业和雇主都有对精通投资管理和资本市场运作的专业分析人才的需求，而 CFA 特许认证就是对一个分析师在金融投资方面个人知识、诚信和专业化程度的黄金标准。考取 CFA 资格证书也是进入商业银行、投资银行的敲门砖。下面列出了 CFA 持证者主要雇主以及银行雇主中 CFA 持证者的人数。

中国地区 CFA 持证人主要雇主	银行雇主中 CFA 持证人数
1- 普华永道	1- JP 摩根（JP Morgan）－1780 人
2- 中国银行	2- 瑞银（UBS）－1463 人
3- 中国工商银行	3- 皇家加拿大银行 （RBC）－1451 人
4- 中金	4- 美银美林（Bank of America Merrill Lynch）－1451 人
5- 汇丰银行	5- 富国银行（Wells Fargo）－1255 人
6- 中国中信	6- 汇丰银行（HSBC）－1232 人
7- 法国巴黎银行	7- 瑞信（Credit Suisse）－1003 人
8- 瑞银	
9- 德勤	

从持证者的职业规划和未来发展方向来看，有22%的持证者会成为基金经理，有15%的持证者会成为研究分析员，还有一些持证者在咨询顾问、客户经理、财务顾问、风险控制经理和金融分析师的岗位上。

CFA 会员全球范围内的职业情况
1- 基金经理 22%
2- 研究分析员 15%
3- C-Level 高管（包括 CEO，CFO 等）7%
4- 咨询顾问 6%
5- 风险控制经理 5%
6- 公司金融分析师 5%
7- 客户经理 5%
8- 财务顾问 5%

（3）英国院校与 CFA

英国部分大学的金融相关专业是被 CFA 认证的，所授课程中包含了很大一部分 CFA 的考试内容，这样可以帮助学生更加轻松地准备 CFA 考试。表 2-3 为大家列出的一些被 CFA 认证的院校，希望对选择院校和专业有所帮助。

表 2-3　被 CFA 认证的英国院校专业

院校名称	专业名称
University of Cambridge 剑桥大学	Master of Finance 金融学
University of Oxford 牛津大学	MSc in Financial Economics 金融经济学
Imperial College London 帝国理工学院	MSc in Finance 金融学
University of Warwick 华威大学	MSc in Economics and Finance 金融经济学
	MSc in Finance 金融学
Cass Business School, City, University of London 伦敦大学学院，卡斯商学院	MSc Banking and International Finance 银行与国际金融
	MSc Finance 金融学
	MSc Finance and Investment（part-time）金融与投资（半日制课程）

（续表）

院校名称	专业名称
	MSc International Accounting and Finance 国际会计与金融
	MSc Investment Management 投资管理
	MSc Corporate Finance 企业财务
Manchester Business School 曼彻斯特商学院	MSc in Accounting and Finance 会计与金融
	MSc in Finance 金融学
Durham University 杜伦大学	MSc Accounting and Finance 会计与金融
	MSc Corporate and International Finance 企业与国际金融
	MSc Economics and Finance 经济与金融
	MSc Finance and Investment 金融与投资
	MSc International Banking and Finance 银行与国际金融
	MSc International Money, Finance and Investmen 国际金融与投资
Lancaster University 兰卡斯特大学	MSc in Accounting and Financial management 会计与金融管理
	MSc in Finance 金融学
London Business School 伦敦商学院	MSc in Finance 金融学
University of Edinburgh Business School 爱丁堡商学院	MSc in Finance and Investment 金融与投资
	MSc in Accounting and Finance 会计与金融
University of Exeter 埃塞科特大学	MSc in Financial Analysis and Fund Management 财务分析与基金管理
University of Leicester 莱切斯特大学	MSc in Financial Economics 金融经济学
University of Reading 雷丁大学	MSc in Investment Management 投资管理
University of Stirling 斯特林大学	MSc in Investment Analysis 投资分析

现在，笔者结合自身的考试经历为大家介绍一下 CFA 的考试情况。

（4）CFA 考试形式

CFA 的考试形式可以说是一种"煎熬"，无论是哪个级别，考生都需要在一天中考 6 小时，上午和下午各 3 个小时。在笔者看来，只有当时申请剑桥数学系时的 STEP 数学考试能和它有一拼。不过大家也不用担心，CFA 一级和二级的考试虽然需要 6 小时，但都是单项选择题，并且选项也从之前的四道变成了现在的三道，也算是稍微降低了一点难度。三级考试则全部是简答题，需要考生对考试内容融会贯通。

CFA 考试的三级是一个进阶的过程，在准备考试的过程中也可以很明显地感受到，每个级别都有不同的侧重点。考试内容包括十个方面：道德和专业标准、数理方法、经济学、财务报表分析、公司金融、投资组合管理、权益投资、固定收益投资、衍生品投资及其他类投资。想要成为 CFA 持证人，在通过三级考试的同时，还需要在投资界至少拥有 4 年的工作经验。

就笔者个人感受而言，一级考试的内容相对基础些，考察更多的是考生的记忆力和知识的广度。从二级考试开始，可以明显感到难度上升，考试形式也略有改变，会提供给考生不同的资料和数据，以及 6 个与之相关的问题，这里就需要考生对知识有一定深度的理解，同时结合一级的知识。三级考试考察的是考生对不同投资组合的深层次理解，考题全部为简答或写作题，需要考生根据自己对知识的理解给出答案。每级考试会有 40% 的人通过，二级考试被大家认为是最有难度的一级考试，但并不意味着其他级别的考试会容易很多。

CFA 考试不是临时抱佛脚就可以通过的，前期需要花费大量的时间学习知识点，后期则需要不断地做练习题来增加自己的熟练度。

小知识：商学院认证

你了解世界三大商学院认证 AMBA、AACSB 和 QUIS 么？概括地说，就是英国、美国和欧盟对商学院有一系列的评分和认证标准，达到这一标准和要求的院校就可以拿到对应机构的认证。

❖ AMBA—— 英国工商管理硕士协会（Association of MBAs）认证
❖ AACSB—— 美国工商管理硕士（MBA）的认证
❖ QUIS—— 欧洲管理发展基金会（EFMD）创办的认证体系

能同时拿到三大认证的商学院，那是非常厉害的，那么英国有哪些院校同时拿到了三大认证呢？下面为大家一一列出：

❖ Aston Business School, Aston University, Birmingham（阿斯顿商学院）
❖ Ashridge Business School, Ashridge（阿什里奇商学院）
❖ Cranfield School of Management, Bedfordshire（克兰菲尔德大学管理学院）
❖ Durham Business School, Durham University, Durham（杜伦商学院）
❖ Henley Management College, Henley（亨利管理学院）
❖ Lancaster University Management School, Lancaster（兰开斯特大学管理学院）
❖ London Business School, London, UK（伦敦商学院）
❖ Manchester Business School, University of Manchester, Manchester（曼彻斯特大学商学院）
❖ Open University Business School, UK（开放大学商学院）
❖ University of Strathclyde Graduate School of Business, Glasgow, Scotland（斯凯莱德大学商学院）
❖ Warwick Business School, University of Warwick, Warwick, UK（华威大学华威商学院）

工程相关专业与计算机专业解读

工程是一个非常广泛的领域，有各种细分科目可以选择。一般选择学习工程专业的学生都有比较好的数学知识，同时擅长物理或化学科目。那么，一般有哪些可以选择的工程专业呢？下面为大家列举一些来英国留学的学生常选的工程专业。

- ❖ Aerospace Engineering （航空航天工程）
- ❖ Chemical Engineering（化学工程）
- ❖ Civil Engineering（土木工程）
- ❖ Electrical & Electronic Engineering（电子电器工程）
- ❖ Materials Engineering（材料工程）
- ❖ Petroleum Engineering（石油工程）
- ❖ Mechanical Engineering（机械工程）

为了帮助大家更加深入地了解工程专业，以下由学无国界的超级导师——刘丽莎详细介绍自己目前就读的电子电器工程专业。

英国电子工程专业详解

作者：刘丽莎
本科毕业于厦门大学
现于南安普顿大学攻读博士学位，并获全额奖学金，研究无线通信

电子工程（Electrical Engineering）专业，以下简称 EE，就业前景非常明朗，在英国大部分学校都有开设。本科阶段以物理、计算机、电路等基础课程为主；研究生阶段方向众多，不同学校的侧重点不同，选择学校时应先了解学校的主要专业方向，其中比较热门的有数据通信与网络、数字信号处理、电子和光信息技术、多媒体技术、网络控制、微电子、光电子、嵌入式系统、高频技术、智能系统、自动化技术、电磁学、控制技术等。

我所在的南安普顿大学在英国综合排名是第 16 位，EE 专业排名第二。电子工程系下设有很多研究中心，吸引了大量的企业资金支持。专业设置很全，其中通信、光通信、微电子技术、光电子专业世界有名。

工程类课程无论是本科还是硕士都很强，微电子技术中国内外就业前景都非常好。本科阶段，第一年没有专业方向的划分，软件编程及硬件电路实验都有开设，而且实验设计得非常开放，可以培养兴趣，学生们可以根据第一年的课程选择第二年的专业方向和选修课。从第二年起的课程专业性就很强了，注重培养专业技能。选择继续深造的学生可以直接攻读博士或申请牛津和剑桥大学的硕士。如果国内的本科生申请南安普顿的 EE 专业，一般需要专业平均分达到 80 分（英国 2:1 学位），同时雅思成绩达到 6.5 以上。如果申请 G5 学校中的剑桥大学（Cambridge）、帝国理工大学（IC）或伦敦大学学院（UCL）的 EE 专业，则需要专业平均分达到 85 分以上，同时雅思成绩达到 7 分以上。

接下来，介绍一下其他大学 EE 专业的概况和就业前景（排名根据 2016 Times）

（1）剑桥大学（Cambridge）

剑桥大学成立于 1209 年，EE 排名为第 1，综合排名为第 1，是世界最早成立工程系的大学之一。其中偏硬件方向包括光学研究、电子设备和原料研究、电子和能量转换研究、科学成像、多晶硅薄膜精力管研究等，因特尔、诺基亚公司在剑桥开设实验室。而偏软件方向则侧重无线通信（Telecommunication），网络（Network）也比较强，主要偏通信。剑桥大学的本科申请难度最高，需要 A-level 的成绩，并且雅思成绩达到 7.5 分以上。博士申请开放一定数量的奖学金，但截止日期较早，建议在前一年的 10 月份开始申请。

（2）布里斯托大学（University of Bristol）

布里斯托大学创建于 1876 年，综合排名为第 20，专业排名为第 12，移动通信专业极其出众。学校的氛围很浓，与移动通信企业界联系比较紧密，学习及实践都很有市场针对性，所在城市也算是一个信息企业比较集中的区域，资金也比较充裕。这个专业的研究生课程提供学生实习的机会，5 月份第二学期的考试结束后，东芝公司提供学生实习的机会，并且实习表现优异的同学有机会获得工签，薪资很有竞争力，对于想在英国积累工作经验的学生来说是一个非常好的机会。

（3）谢菲尔德大学（The University of Sheffield）

谢菲尔德大学综合排名为第 21，专业排名为第 5，是英国综合实力最强的大学之一，被称为英国的"工程帝国"。电子工程为该校的王牌专业，在英国，该研究领域一直处于领先地位，且均有各自的研究中心。

谢菲尔德大学新建了电子移动通信技术研究中心，其中通信、光通信、电子与电气工程、数据通信、移动通信、自动化控制实力雄厚。与工业巨头劳斯莱斯和英国宇航局联合建立了研究中心进行开发研究。该专业在工程技术的各方面均居电子研究领域的领先地位，并且均有各自的研究中心，新建的电子移动通信技术研究中心使电子工程系同计算机系联系更加紧密，良好的教学设施和优秀的教学质量使谢菲尔德大学的电子工程专业毕业生在英国及欧洲大陆各国备受欢迎。该系开设的硕士专业包括数据通信技术、移动通信技术等。

（4）伦敦大学学院（UCL）

伦敦大学学院创建于 1826 年，是继牛津、剑桥大学之后英格兰的第三古老大学，G5 超级精英大学之一，有 19 位诺贝尔奖获得者，是英国第一所提供工程学教育的大学。EE 的创建者弗莱明（Fleming）发明了真空二极管。EE方面的细分领域——Electronic Communication 非常厉害，再加上学校的整体声誉，很值得一选。该学校建在伦敦市，对于在英国就业很有帮助。

（5）萨里大学（University of Surrey）

萨里大学综合排名为第 8，专业排名为第 8，其中 EE 专业经常会有奖学金提供。萨里大学拥有英国卫星通信中心，带动了英国卫星通信的飞跃发展。

以上就是对英国 EE 专业的简单介绍，如果现阶段考虑本科申请，那么高中学理科的学生选择这个专业就非常有竞争力。国内的本科生如果学习 EE 专业，需要进一步考虑自己今后的发展方向，选择自己更擅长或更感兴趣的专业，并且选择之前一定要了解不同学校不同专业的课程设置。对于本科成绩十分优异并有一定研究经历的同学，可以从大四开始就考虑选择感兴趣的导师进行博士申请。

计算机专业解读

计算机科学是一门包含各种与计算和信息处理相关主题的系统学科，从抽象的算法分析、形式化语法到编程语言、程序设计、软件和硬件等。计算机科学专业学习计算机系统和软件的原理与设计，研究计算机的应用。硬件的方向和电子工程有一定的重合，但主要着重于系统级的研究，如存储系统、网络设备及大规模平行处理系统。总体以培养软件专业人员为主。

英国的教育机构在开发计算机系统和新型应用软件方面一直处于领先地位，英国的计算机专家在集成电路、电讯、互联网、逻辑电路、人工智能和电子科学方面也取得了很多创新成果。同时，英国大学计算机专业与国内外各大公司紧密合作，培养储备人才。计算机科学覆盖的专业非常多，计算机通信、网络安全、人工智能、多媒体技术、软件开发、信息系统等，都是比较受国际学生欢迎的专业。

下面就由学无国界的导师来给大家分享，目前计算机人工智能领域最前沿的计算机学习领域的专业解析。

人工智能之机器学习

作者：宫文博

剑桥本硕连读信息工程硕士

剑桥机器学校小组 15 名成员之一

人工智能（Artificial Intelligence）是 20 世纪以来科学发展的一个非常重要的领域，甚至有人说人工智能是人类的"第四次工业革命"，也是好莱坞电影中主要的题材之一。

人工智能在计算、记忆、逻辑推理上的优势远远高于人类，这已经是大家公认的事实。近些年来，人工智能在绘画、作曲、编剧等一些创作性的艺术领域也取得了突破性的进展。例如，2016 年 6 月人工智能创造了剧本，同年 9 月，人工智能剪辑了电影预告片。University of Falmouth（法尔茅斯大学）的科学家还创造了绘画机器人程序 Painting Fool。

人工智能也在逐渐取代人类的岗位，原来只有人类可以从事的繁琐岗位，逐渐被机器所取代。从最早的 ATM 机器到无人驾驶车辆，从从事危险行业的智能机器人到陪护老人的陪伴性机器人。日本的科学家还研究出了人工智能主持人和机器人演员。

（1）就业前景

机器学习（Machine Learning）是人工智能的一个分支，其主要目的是通过计算方法使得程序自主地从数据中寻找规律并做出相应的推断和预测。

机器学习是近几年计算机领域的热门研究方向，也是职业的热门选择。最近几年各大公司（特别是业务涉及网络、服务、智能等领域）对于此方面的人才需求增长迅速。但是此行业分层也比较严格，一般本科和硕士属于一个层级，博士为另一个层级。前者工作内容与 software engineering 较为相似，主要是实现和优化已知算法，后者则主要是设计研究新的方法。一般本科或硕士年薪在

40万左右，博士年薪则为为65万~80万，如果有大型项目，高质量论文为基础的话，年薪可达90万以上。

（2）专业概况

机器学习（ML）虽然归属于计算机科学领域，但其实是多个方向的交叉学科。机器学习的算法归根结底是一种数学模型，因此，此专业对于数学知识有一定要求，其中常用的数学包括但不限于微积分、线性代数、概率统计及最优化方法。除了数学基础外，编程也是一个重要方面。 现在机器学习中最常用的编程语言是Python。

入门机器学习基本分为两部分：熟悉并会推导经典算法和模型，以及熟悉机器学习的流程（经典书籍：Pattern Recognition and Machine Learning，Machine Learning A Probabilistic Perspective，Deep Learning（author：Ian Goodfellow，Yoshua Bengio and Aaron Courville））；尽量编程实现学过的算法以加深理解。

（3）专业分支/发展方向

现阶段，机器学习最热门的领域为深度学习（deep learning），其方法在各个领域都有广泛应用。

❖ 计算机视觉（computer vision）：人像/物体识别（CNN：卷积神经网络为基础）、自动驾驶（视觉部分）及物体模型重建。

❖ 语音处理（speech processing）：语音识别系统、对话系统（Siri，Cortana）、语音合成（当前最好方法：Wavenet）及语言翻译（Google Translate、百度翻译）。

❖ 强化学习（reinforcement learning）：Alpha Go深度学习发展十分迅速，每年都有大量的论文和新技术发表，因此公司对深度学习领域人才的需求量也在迅速增长。

（4）就业方向

一般对于机器学习毕业生需求量比较大的是网络公司，国内有百度（百度深度学习研究院）、阿里、腾讯及各种以机器学习为主要业务的初创公司；国外有 Google、Microsoft、Facebook 等。

除此之外，还有很多公司虽然不以网络，计算机为主营业务，但是也需要相应人才去优化，提高公司的竞争能力，这也是求职的一个选择。

（5）院校推荐

在英国，机器学习较好的学校有 UCL，Gatsby Unit（伦敦大学学院，盖茨比计算神经科学组）；University of Cambridge，Machine learning Group（剑桥大学，机器学习小组）；University of Oxford（牛津大学）；Imperial college（帝国理工学院）和 University of Edinburgh（爱丁堡大学）。

（6）基本录取要求

一般来说，本科最好是信息、计算机、数学相关专业，并且接触过基本/经典机器学习算法，熟悉一定的编程语言（Python，MATLAB 等）。由于本专业对数学知识有要求，所以相关数学科目成绩要好。

对于推荐院校录取要求：

硕士（Msc、MPhil、MRes 等）：一般为本科 2.1 以上（最好一等，如果目标较高），剑桥、牛津大学需要面试（主要看面试）。剑桥大学面试的形式为：提前给考生一篇 review 性质的论文（20～30 页），面试时进行演讲并回答考官的提问。

竞争比较激烈（2016 年录取 15 人，申请过百人）。课程十分紧，基本不会有休息时间。

博士：主要看研究方向和导师，申请时需要写 research proposal（研究计划），同时科研经验也十分重要。基本都需要面试，面试内容因人而异。剑桥导师面试过后，是否录取是由全体小组成员决定的。录取名额为 6～10 人（2016年，Cambridge MPhil 项目，15 人中有 13 人申请剑桥大学博士，3 人获得 conditional offer，2015 年为 2 人）。成绩要求 2.1（本科），merit（硕士），若申请人在本科阶段没有一等的话会比较吃亏（有较多科研经验除外）。

总之，机器学习（ML）和人工智能（AI）是就业和发展前景都非常好的专业，对该专业感兴趣的学生，可以考虑学习这个专业。

人文社科专业解读

人文社科是一个非常广泛的领域，社会科学的概念是"社会科学是用科学的方法，研究人类社会的种种现象的各学科总体或其中任一学科"。按照该定义，社会科学所涵盖的学科非常广泛，包括政治学、法学、伦理学、历史学、社会学、心理学、教育学、人类学、民俗学、新闻学、传播学等。这里要给大家介绍的社会科学范围相对小一些，主要指英国大学 Social Sciences and Humanities（人文社科）学院里涵盖的科目。

在 Social Sciences and Humanities 学院里，又为大家选出了几门比较热门的专业，下面一一进行介绍。

1. 法律专业

英国所采用的法律系统（Legal System）和中国所采用的系统不太相同，英国采用判例法 common law（case law），中国采用的是大陆法系（Civil law），前者是以之前的案例作为审判的基础，而后者是以法律条文为依据。

英国是一个法律系统非常健全的国家，法律专业划分得也非常细致，这里为大家列出了在英国可以选择的部分法律专业。中国学生来英国读法律专业的话，一般会选择海事法（Maritime Law）和国际商法（Commercial Law），这样回国的时候更能学以致用。

LLM 即 Master of law，法学硕士的简称，相关专业如下：

❖ LLM General（一般法）

❖ LLM in Human Rights Law（人权法）

❖ LLM in Environmental Law（环境法）

❖ LLM in Commercial and Corporate Law（商业和企业法）

❖ LLM in Insurance Law（保险法）

❖ LLM in Intellectual Property Law（知识产权法）

❖ LLM in International Business Law（国际商业法）

❖ LLM in Media Law（媒体法）

❖ LLM in Medical Law（医事法）

❖ LLM in Public International Law（国际公法）

❖ LLM in Public Law（公法）

❖ LLM in Tax Law（税法）

❖ LLM in Maritime Law（海事法）

❖ LLM in Computer and Communications Law（计算机与通信法）

如果想留在英国做律师或法官的话，仅仅读完 LLM 是完全不够的。在英国，如果想成为一名律师（Solicitor），则需要进行 LPC（Legal Practice Course，法律实践课）的学习。如果想成为一名法官（Barrister），则需要进行 BPTC（Bar Professional Training Course，法官专业训练课）方面的培训。

2. 传媒专业

英国的传媒专业一直在世界上享有盛誉，来英国学习传媒专业也是很多学生的首选。传媒专业很少在 Top 10 的院校中开设，有些院校注重传媒理论，而有些院校注重传媒实践。学生在来英国留学前要想好，自己的兴趣是理论研究，还是传媒的实际应用。

传媒可以分为新闻类、媒体类、影视类、市场和多媒体类。除了一些诸如 BBC、路透社这些传统媒体外，新媒体也是在近些年蓬勃发展的。从就业方向来看，学生毕业后除了进入传统媒体和影视公司工作外，新媒体也是现在就业的热门，还有更多的传媒毕业生进入企业的市场部、宣传部工作。

浩如烟海的英国传媒专业

作者：Cheng Zeng

本科就读于 University of East Anglia 影视研究专业

硕士就读于 University of Westminster 新闻摄影专业

2014 年成立 Frame Production Limited，主营各类影视相关服务

对于很多在国内的学生来说，英国也许素来有着传媒大国的印象。对于BBC、路透社、松林影业等这些名字，很多人也并不陌生。作为一个只有 6000 万人口的国家，英国却有着在欧洲，甚至英语世界中领先的传媒实力。

在过去的几年中，新媒体的发展极大地改变了媒体行业的战略版图。中国本土的各种新媒体平台日新月异，市场洗牌的周期越来越短，衍生产品也越来越多。与此相比，似乎英国在发展上脚步相对缓慢，甚至有点落后。但与此同时，英国媒体产品的输出，却一直在稳步增长，英国与国内的跨国合作也在日益增多。个中原因也在吸引着很多专家学者对英国媒体行业进行研究。笔者曾经在英国学习新闻摄影和影视制作，在这里就以一个过来人的身份，简单谈谈留学英国传媒专业，能给我们带来什么。

媒体的分支是非常细致的，而且各个分支之间也存在非常大的差异。因此，笼统地去讨论在英国学传媒好不好，是很难说清楚的。然而对于很多即将留学英国的学生来说，这却是一个很关键的问题。大多数人在决定学习传媒的时候，或许并没有想清楚自己的学习方向和就业方向，以及以后想要的生活状态。

传媒浩如烟海，影视、新闻、市场、媒体研究等方向看似有关联，实际上却有着很大的区别。经常会有希望学习实践方向的同学，最终读了偏理论的课程的情况。因此，了解自己想要学习的传媒分支，是十分有必要的。不过对于想申请转专业的同学来说，英国的高等院校并没有设置太多限制。只要达到专业的语言要求（雅思成绩达到 7 分以上），有够格的过往学习成绩，

一份合理的个人陈述，基本上就可以被录取。当然，摄影/影视这一类实操性
极强的课程还是需要看一下作品的。简而言之，半路出家不是问题，对投靠
的门路不清楚，则是大问题。

英国的媒体课程专业划分大致有以下几类：

（1）新闻类

老牌新闻强国的多年积累，让英国在新闻体系方面从理论到实践基础都
十分扎实。对于在国内学习过新闻专业的学生来说，处于另一个价值和文化
体系下的英国新闻业，是可以提供很多他山之石的经验的。对于立志投身于
新闻业的新生，英国新闻专业的严谨，也能够给自己职业观的建立奠定良好
的基础。不过英国的新闻专业招生要求非常高，对于学生的语言和文字功底
要求很严苛，雅思成绩须达到 7 分以上，如果达不到这个语言要求，估计毕
业是不太可能的。可是从另一个角度来说，高要求带来的含金量，也让新闻
专业的毕业生在职场上比较轻松。威斯敏斯特、谢菲尔德、卡迪夫大学这些
老牌传媒学校，一直是英国各大新闻机构的输出地。以授课来说，采取实践
和理论相结合的模式，大多数情况下学生可以通过选课来决定以后的就业
方向。

（2）媒体研究类

这一方向是比较理论的，内容更加接近社会学，属于学术研究方向。比
较耳熟能详的专业名称有影视研究、数字媒体研究、大众传媒、媒体管理等。
此类专业的侧重点在于从社会角度研究和发展传媒理论，对于有志于研究理
论的同学来说是非常合适的。授课基本上是理论和学说为主，实践课也以辅
助理论为目的。就业方向比较偏向于社会研究、行业顾问、学术教育。英国
的媒体历史及社会学基础，使得这一类学科的发展非常先进，很多导师和毕
业生已经在国内的传媒公司担任顾问甚至总裁。但是，对于希望学一门手艺

的学生来说，可能这个方向就不太适合了。这个方向，华威、东安格利亚、莱斯特等大学都是实力雄厚的。

（3）影视类

影视类也可以划分两种：一种偏向于研究，另一种偏向于实践。单独列出的原因是，英国影视方面的行业基础足够强大，为与其相关的课程提供了极强的产业链接，如研究方向的课程对接影视策划，实践方向对接制作。英国影视制作专业对于理论的强调，很大程度上赋予了学生跳出画面本身，从宏观的角度进行构思创作的能力。实践方面极强的实战性教学，不但直接教授学生一门手艺，还能通过输出电影节、参加奖项等方式，打开学生的就业之路。这类院校里，金史密斯、布里斯托等大学都是非常优秀的。

（4）市场和多媒体类

广告、媒体公关、数字营销、新媒体运营等都属于这一范畴。媒体经济的发展是这一类学科的基础。这一类学科更多倾向于理论的实践运用，对于技术和创意的培养非常注重，毕业生大多就业于各大新媒体创意公司或者技术支持岗位。这一类院校里，拉夫堡、南安普顿、利兹等大学都是佼佼者。

英国的传媒行业分工明确，发展成熟。因篇幅所限，不再赘述。

3. 心理学专业

有些同学觉得心理学是一门很神秘的学科，其实心理学涉及日常生活的多个领域，如家庭、教育、健康生活等。心理学是一门研究人类及动物的行为与心理现象的学科，既是理论科学，也是应用科学。心理学可以分为基础心理学和应用心理学两大分支，在两个分支下有不同的心理学细分领域。

❖ 基础心理学：变态心理学、生理心理学、发展心理学、认知心理学。
❖ 应用心理学：教育心理学、商业心理学、健康心理学、组织机构心理学。

来英国读心理学的学生中，一部分是从本科读起，需要学生在 A level 阶段有数学和生物的基础，另外一部分则是读硕士。有些学生认为只有本科读心理学，才能申请心理学硕士，实则不然。英国有些大学为学生提供了 conversion course（会话课），为本科是非心理学专业的学生提供机会。这些 Conversion course 主要集中在应用心理学领域。

在英国，有 32% 的毕业生会从事与心理学相关的行业，10% 的学生会选择继续就读，在中国，这个比例可能会更低。目前，心理学专业毕业生的平均起薪普遍低于金融和工程类专业毕业生的起薪，显然选择学习心理学专业的学生都是因为理想和兴趣爱好。

如下专业也是属于人文社会类的专业，由于国际学生选择的比较少，就不在书中做过多的介绍了。

- ❖ Criminology（犯罪学）
- ❖ History（历史学）
- ❖ Languages（语种）
- ❖ Linguistics（语言学）
- ❖ Politics and International Relations（政治与国际关系）
- ❖ Sociology（社会学）

4. 艺术类专业

艺术类专业所涵盖的领域特别广泛，并且专业类别也特别多，这里为大家分类总结了一些艺术类专业，希望对选择专业有所帮助。

- ❖ 纯艺术：绘画、摄影、版画、插画等。
- ❖ 艺术设计：平面设计、视觉传达、工业设计、产品设计等。
- ❖ 时尚设计：服装设计（男装、女装）、珠宝设计、箱包设计、鞋类设计等。
- ❖ 建筑景观：建筑设计、景观设计、园林设计、室内设计、城市规划等。

❖ 影视传媒：电影、3D 动画、摄像、视觉特效、数字媒体、影视制作、导演等。

❖ 音乐舞蹈：声乐、器乐、音乐制作、舞蹈表演、音乐剧、音乐教育、作曲等。

❖ 艺术管理：艺术品管理、艺术策展、奢侈品管理、时尚管理、品牌管理等。

在日常的咨询中，经常有学生或家长会问：什么样的学生适合学习艺术？我的孩子到底适不适合学习艺术？一般笔者的回答是，如果孩子对艺术感兴趣，并且被发现在某个领域里有天分，就可以学习艺术。关于天分，因为有的学生对视觉或听觉艺术比较有感知，有的学生更擅长平面，所以家长要充分发掘孩子的潜能。

关于艺术类专业的就业，根据英国就业统计，艺术类专业毕业生的起薪并不是很高，但是以后的发展区别会很大。一小部分学生会成为独立设计师，如果品牌运营成功的话，收入会比较高；学习动画或 3D 的学生会去影视公司；学习建筑设计和规划的学生会去建筑或园林设计公司；学习工业和产品设计的学生会受雇于公司的产品设计研发部门；还有更多的学艺术的学生会受雇于广告公司、传媒公司，以及各大公司的企宣部和市场部，用于帮助企业进行媒体或广告宣传。

学无国界的艺术类专业导师专门为学生提供了作品集指导、面试辅导等服务，以最大限度地挖掘学生潜能，取得理想的院校申请结果。艺术类导师来自于各大院校导师或独立设计师。下面分别由来自建筑设计和服装设计领域的导师为大家做深度的专业解析。

建筑学专业全解析

作者：Richard Tsui
毕业于伦敦大学学院的 Bartlett 建筑学院建筑学硕士
现任清华大学建筑设计研究院主创建筑师
Solar-Archi 建筑设计集团联合创始人

建筑学在东方和西方的定义有所不同，在中国的定义通常是狭义上的，在英国的定义通常是广义上的。在中国，建筑学院对建筑的理解更接近于对空间的营造，或者具体来说就是房子带来的空间，学生们经常接触到的理论往往是维特鲁威在《建筑十书》中陈述的建筑三大特征：实用、坚固、悦目；老师们也更加认同芝加哥学派的现代主义建筑大师路易斯·沙里文的名言："形式追随功能（Form follows the function）"。而这一论点往往成为西方一部分先锋建筑师的批驳对象。

在西方，尤其是成为现代先锋建筑师理论实验基地的英国，对建筑的认知往往离开了"房子"的层面。在英国，通常认为建筑师是"人"所创造的"人"所存在的空间。因此，在英国的建筑学院，常常会出现轮船设计、飞机设计、地球空间站设计，甚至火星基地的设计等，对于西方建筑师来说，这些都是人造的为了人所存在创造的空间。在世界著名的英国建筑师扎哈哈迪德的作品中，可以看到家具设计和时装设计的例子，而福斯特爵士更是创作了很多游艇设计和汽车设计的例子。

其实，从设计的角度来讲，思考的过程往往是一体的，也就是说，设计一座建筑与设计一辆汽车，甚至设计一架飞机的思考过程是一致的，就是找出设计目标，提出设计构思，解决设计矛盾，整合设计元素等。

那么英国的建筑学院究竟哪些比较好呢？从近两年的 QS 世界各专业学

科排名就可以看出端倪，2016 年和 2017 年，UCL 的 Bartlett 建筑学院始终保持世界第二的位置，剑桥大学的建筑学院也在世界排前十。其实，在我心目中，AA 建筑学院虽然不参与世界建筑学院的排名，但是就实力而言，也绝对是全球顶尖的，这里培养出了全球闻名的库哈斯、扎哈等大师，其本身的风格也以激进、前卫著称。UCL 的建筑学院更是以其广泛的学科和强大的科研能力独步全球；剑桥大学的建筑学院并不像其基础学科那样出名，规模也相对较小，但是其建筑教育以扎实的理论研究能力和建筑文化历史的探讨而培养出许多研究型建筑人才。

在我心中，剑桥大学、UCL 及 AA 的建筑学院共同构成了英国建筑学院的第一梯队，同时也是世界建筑学教育的第一梯队。由于这 3 所学校对学生的入校要求较为严苛，同时毕业相对较难，因此并不一定适合每个学生。除此之外，英国还有很多高质量的建筑学院可以提供良好的建筑学教育，如巴斯大学、卡迪夫大学、利物浦大学、曼彻斯特大学、纽卡斯尔大学、谢菲尔德大学、威斯特敏斯特大学等，无论进入哪所学校，都能找到自己适应的方向和更能发挥自我能力的导师。

无论选择哪所大学，最重要的是在进入学校之前对学校有充分的了解。因为没有绝对的好学校和坏学校，各个学院之间更多的只是学术方向的不同，所以在真正开始自己的学习生活之前，一定要先了解究竟哪个方向更适合自己。

最后一点，申请建筑学的时候，除了必须通过的语言考试及与其他学科相同的 CV、推荐信、成绩单、Personal Statement（个人陈述）外，还要求反映学生建筑思维和理想的，记录学生学习状况和设计项目的作品集（portfolio）。在我的理解中，学生的 portfolio 比重甚至会占到老师考量的70%，因此，建议在申请的时候多在 Portfolio 的工作中下功夫。

总之，无论选择什么样的道路，自己感兴趣的才是最好的，千万不要为了学校名气或就业情况考量而忘记自己的初心。只要坚持自己心中的那条道路，就一定能在自己的人生中书写浓墨重彩的一笔。

服装设计：看上去很美

作者：Niro Wang
现任个人同名品牌 NIRO WANG 创意总监

2014 年，NIRO WANG 品牌成立于英国伦敦市，两次入选伦敦 Fashion Scout 动态展示。曾多次被英国主流时尚媒体报道（Vogue ／ Glamour/MTV）。2017 年秋冬正式进入 British Fashion Council 主办的 London fashion week designer showroom，品牌分别展出于伦敦、巴黎、纽约、上海时装周。

（1）学习目的

时装设计，这几年不论是在各大院校还是在市场中都貌似有点"井喷"的词，频繁地出现在我们逐渐宽裕的生活里。时尚、潮牌、设计师、买手店、秀场、红毯、超模……似乎让我们曾经平淡的生活突然间"活色生香"了起来。无论是北京、上海、广州、深圳，还是其他二、三、四线城市，在这两三年里涌起了无数专卖"independent designer brands"的多品牌集合店及高端品牌买手店。就出国留学市场来看，也出现了一阵学习服装设计的热潮。但是，在"全民服装设计，大家都来开淘宝店"的风潮之下，我觉得还是有必要给有留学打算的追梦人，分享一些这几年我个人在英国与时装打交道的体会。

首先，我希望同学们不要只因为看过几集《爱上超模》或《Project

Runway》就暗暗告诉自己"fashion is part of my destiny"，直接准备出国了。冲动不是魔鬼，它可以是设计师和艺术家的好朋友，但是在这一刻，建议先了解一下你要"为之奋斗终生的事业"都有哪些"未知的惊喜"。

英国开设时装专业的学院不少，相对来说，在全世界比较有影响力的有中央圣马丁艺术与设计学院、伦敦时装学院、金士顿艺术与设计学院、皇家艺术学院，其次还有威斯敏斯特大学、南安普敦大学、东伦敦大学等。其中除了皇家艺术学院只有MA（研究生）之外，其他几所大学都是有Foundation（预科）、BA（本科）和MA多种选择的。这里重点介绍一下与我本人经历相关的伦敦时装学院和金士顿艺术与设计学院。

我在伦敦时装学院（LCF）度过了紧张且有趣的3年本科（BA）生活，专业是女装（womenswear）。LCF是伦敦艺术大学（UAL）六个杰出分院中的一个，校如其名，该校课程几乎涉及与时装相关的一切。

出国前，我通过UAL在北京的代表处申请了LCF的本科女装专业，当时刚刚离开舞蹈团的我，并没有任何专业设计院校的教育背景，只有在舞蹈团里演出服设计的实战经验，就连英语也一直是自学的，但是我想了解更专业的时装设计体系，拥有更自由与开放的创作环境，更丰富的艺术与设计资源，以及更有国际视野的老师的点拨。之后我周密地准备我的作品集并苦练英语，最终取得了学校的offer。

之所以说这些，是因为这对于一个即将面试申请学校的同学来说至关重要，不论是申请BA还是MA，一般面试老师最关心的几个问题是：你为什么来上学？为什么选择他们的学校？如果没有明确的学习目的，那么不论对于学生还是老师来讲，都是不负责任的。有些学生在入学前还不知道自己的强弱项，或者不清楚自己去学校提升什么，如果是这种情况，强烈建议学生们先做自我分析，尽量做到有的放矢。

在BA期间，我们的课程有设计、制版、缝纫技能、特殊机器掌握、设计软件等。但是英国时装设计类大学的教学方式完全不同于中国老师的"手把手"或"一直推"。一周一次的设计课，老师只是看学生在这一周内做了什么新内容，给予设计思维或是一些 reference（参考）相关的提示性意见，老师不会告诉学生应该怎么设计，他们认为每一个人都应该有自己表达设计和想法的独特方式，也没有所谓的固定的设计方法，老师会出一些方向，但绝不是很具体的该怎么做，学生大部分的时间都是在图书馆做 research（研究），在博物馆、美术馆，任何生活的角落找新的 idea（创意），在 sample room（样品间）里面尝试各种新的有趣的制版和面料表面的创作，以及如何将自己的故事与情绪用 fashion language（时尚的语言）表达出来，等等。

总之，不论是申请学校还是即将开始学习，自主性学习和对自身的了解是在英国上学的关键。如果从前在国内有惰性的，或者没有自律的习惯，出国后会明显感到被动甚至孤独，因为没有人再不厌其烦地催促你了。

（2）课程结构

关于 BA 期间课程的结构，前两年，每年三个学期，每个学期根据当年的课程设置，有一个或多个 project（项目），每个 project 都会有单独的 handbook（手册）给学生指明这个学期需要工作和学习的重点与方向，并且有非常明确的 deadline（截止日期），这对于学生的时间管理也是一个考验。什么先做什么后做，同时又能从容地思考新的 idea。从这里也不难发现时装设计的另一个特点——理性框架下的感性活动。

第二年的第二个学期，学校一般会让学生自己去找某个时装公司做整个学期的 Internship（实习生），学校有关于如何准备个人简历及如何写 cover letter（求职信）的课程供学生参加，但这一切的主要行动人还是学生本人，不要指望坐等老师帮忙寻找或是安排工作，这些都是作为一个独立设计人才应该具备的基本能力。

第三年以毕业设计为主，第一个学期会有一个小的 project，同时伴随着毕设的 Proposal（提案）准备；在第二个学期需要向老师提交书面的 proposal，老师同意后，方可开始毕业设计的准备，这是个"艰苦"且漫长的过程。有的创意可能一次就会通过，有的创意可能改了很多次老师还是觉得不满意，往往老师在看学生作品集时，会将建议表达得很直白乃至有些刺耳。此外，不断地修改也就意味着你要比别的学生更晚开始动笔，也许一周，也许一个月，伴随着通宵修改的夜晚。挫折可能会使你对自己的作品越发没有自信，你是否有这样的心理准备呢？

以上所述虽然不会发生在每一个学服装设计的学生身上，但是我希望大家可以在做决定之前看到它的另一面。因为这一面才是大部分服装设计学生有可能面对的生活，绝不是每天光鲜亮丽地去各种秀场，或是没事就逛各种 Boutique（时装店）。学习期间除了高于本地学生不菲的学费（三倍），还有伦敦高昂的食宿，当然，这些还不包括买各种面料辅料的材料费，一年是 30 万～50 万的开销，你是否也已经准备好了？

（3）读研及工作

毕业后，一般有两个大方向，即直接申请研究生或者工作（给别人打工或是自己做老板）。我选择了后者，在一个伦敦比较有影响力的品牌 DAVID KOMA 实习了一年，个人觉得在我成立品牌之后，很多实用的品牌运营经验和如何联络各方人员的知识都是在实习期间学到的，学校学到的更多只是与设计相关的知识。

工作一年后，我申请了金士顿艺术与设计学院的 MA Fashion（研究生）。

面试研究生时，老师期待的是一个对服装行业相对比较了解的你，而不是一个只会做作品集的学生。有想法的人，也是极有可能被录取到时装设计 MA 专业的，因为老师希望这些学生通过不同的角度来重新展现他们世界里的 fashion，只要你能说服老师，与你原来专业相关并结合 fashion 的出色作品集，这样的学生往往被录取的可能性更大。面试者需要准备的主要就是作品集，精彩的 samples（样例）以及一份自己比较笃定的 Study Plan（学习计划）。而我当年成功获得研究生 offer 的原因是对服装行业的一些了解，比较丰富的作品集及很明确的学习目标——我要做自己的品牌。

整个读研的过程中，你更能体会到什么是自由。一年的时间，3~4 个 projects，课程非常少，老师几乎不教什么，大部分时间都是自己学习研究，老师会一周给一次设计方向，听听你的想法，但是绝不会干涉你很多。在英国的研究生班里，你经常会见到年纪很大的同班同学，而不是像国内，研究生基本都是同龄人，这是因为很多人在公司或社会中已经打拼了很多年，感觉需要有所提高，重新回到校园里进行有目的的学习，他们大多非常清楚自己要的是什么。这也就是我前面一直说的——目的性，这一点在研究生申请前及学习期间表现的尤为明显。如果说在 BA 期间，学生认为还要不断摸索、发展并找到真正的自己，那么 MA 期间，就是寻找自我的再升级。

研究生毕业后，大部分以时装设计为第一选择，也有一部分选择跨领域，如时装媒体、时装教育，还有一个让无数人向往的职业——时尚买手。我个人比较专注于服装设计方面，所以毕业后就直接在伦敦成立了个人同名品牌——NIRO WANG。

（4）再谈服装行业

服装其实是一个竞争异常激烈且绝对供大于求的行业。因为进入这个行业的门槛并不是很高，现在似乎只要会穿衣服的，都敢吃服装这碗饭。刚从英国名校毕业的设计人才们难免有些心高气傲，但是就我成立品牌两年来的实战经验，我建议毕业生在条件允许的情况下尽量给自己多的实习机会，体会不同的岗位，并且要有耐心在别的设计品牌中学习经验并寻找教训。因为在这个阶段，试错成本相对较低，而如果是自己的品牌，那么你的每一次经验和教训都可能伴随着资金上的巨大损失。

服装公司的工作不是很好找，因为大多数设计师品牌公司要找的也是免费实习生，所以一开始可能不会给外国毕业生办理签证，也不会发薪水，即便有，也会很微薄。

过于现实的商业设计，也许会让刚从学校出来的你感到失望，但是真正有品牌梦想的人，一定是耐得住寂寞并且有充分准备的。你可以从给别人的工作中，学习到如何在有限的时间内设计有系列感的产品，而不是给博物馆的作品；如何做 range plan，合理分配每个季度的投入资金，什么是给媒体的，什么是给商店的，为什么宣传？如何宣传，团队里需要什么样的人才；怎么联系供货商、生厂商，如何展出、销售，如何与店铺沟通，如何后期跟进，如何把控质量又不超过 budget（预算），等等。事无巨细，一个环节出错就有可能导致满盘皆输。

很多设计师坦言自己80%的时间都在做与纯粹设计无关的事情，email及筹划工作可能会占据你私人生活的大部分时间；没日没夜地勤奋工作，最后却联系不到任何买手；好不容易有了极具商业价值的设计，又被廉价工厂抄袭……太多潜藏危机在等待着你。经过一两年的坚持努力，牺牲掉个人生活和大量的金钱投入后没有任何收益，你的梦想是不是承受得了一次又一次的打击和考验？你是不是准备好了？

如果你听了我所有的这些依然初心不改，那还犹豫什么？快去准备作品集吧。

第三章 / CHAPTER THREE

赴英留学准备工作

叁

本章内容是关于"申请英国院校我该做哪些准备？"，尤其是在收到拒信后，该如何 argue（争取），力挽狂澜。第二节主要讲述了雅思的基本类型，以及不同类型雅思所对应的需求。第三节则是讲述文书的准备工作，如何写一封漂亮的文书以打动招生官，推荐信和个人简历的得分点又在哪里？这些细节将决定你能否被喜欢的大学和专业录取。

第一节　申请流程

英国大学录取规则

"先到先得"这几个字对于要申请英国留学的学生来说肯定不陌生，但其意思并不是先递交就一定会得到 offer，不过早递交一定是利大于弊的。因为每个专业的名额一旦满员，即使后来的学生条件再好，也没有办法拿到当年的 offer 了。曾经有个申请 UCL 翻译口译的学生，申请的递交时间是在 1 月份，虽然自身条件已经达到学校要求，但因为名额已满，学校只能给她发第二年的入学 offer。

那么需要多早呢？下面列了一个基本的时间表（表 3-1），即从选校到语言准备到获得 offer 至行前，以申请第二年 9 月入学为例。

表 3-1　留学申请时间规划表

准备时间	准备内容
今年 3～5 月	对自己进行综合评估，初步选校，准备雅思
今年 6～7 月	了解学校的各个方面，准备申请材料
今年 8～12 月	递交申请，等待申请结果
次年 1～5 月	确定入读学校，以及是否需要申请语言课程
次年 5～8 月	申请签证，等待签证结果
次年 9 月	规划行程、准备行装、登机出国

1. 对自己进行综合评估

并不是简单的指在学历、能力、资金等方面的评估，而是申请之前要切切实实明白自己留学的目的，也就是为什么要去留学？留学想要获得什么？如果是想通过留学留在当地就业并移民，那么要去留学的国家及专业就尤为重要，尽量避开那些本身工作移民政策不是特别友好的地方。

假如有人跟你说"快去英国读书吧，读完书很容易找到工作，留在当地就别回国啦"，等等之类的话，你听听就好，别太认真。

了解学校各方面的要求：

（1）入学要求，包括本科背景要求、语言要求、申请专业的课程长度；

（2）申请时间与截止时间，部分学校商科有具体的申请时间段；

（3）申请材料要求，包括学历证明、成绩单、个人陈述、推荐信、个人简历、语言成绩单等；

（4）了解申请方式，网申纸质表格或者需要寄送的材料。

2. 准备申请材料

申请材料除申请表外，一般还包括加盖有效印章的证明材料：

（1）学历、学位证明/在读证明；

（2）最近几年的学习成绩单；

（3）有效的语言考试成绩单，比如雅思成绩单（如需要）；

（4）文书资料，包括个人陈述、推荐信、个人简历等（如需要）；

（5）财力证明，包括经济担保证明等（如需要）；

（6）学业（术）奖励和工作证明（如需要）。

以上材料如果是中文的，还需要提供有效翻译件。什么是有效翻译件？具体就是翻译件上要有翻译人的资质（如 TEM8）、签名、翻译时间。

3. 递交申请，等待申请结果

资料收集完整后，整理出适合自己申请的英国学校名单和专业方向，递交申请；递交申请后，耐心等待录取结果，一般是从申请递交日起 6~8 周内有结果，通常时间为两个月。不过，少数极为优秀的学校会稍慢一些。

如果学校长时间没有给出结果，也没有任何反馈（比如让学生补充资料等），那么就要给学校发邮件去催结果了，记得要避开圣诞节前后，休假期间英国学校一般不会有工作人员回复。

4. 确定入读学校，以及是否需要申请语言课程

到了这个阶段，录取结果基本都拿得差不多了，这时候就需要根据录取情况，确认最终的入读学校。在确认好学校后，及时判断自己是否需要申请语言课程，切记要早做决定，因为语言班的名额也是招满即止的。

如果确定申请语言课程，就需要把申请材料准备好，基本包括雅思成绩单、护照、offer，将材料发给学校，获得语言课程的无条件 offer 后，须尽快缴语言课程的费用换取语言课程的签证函。

5. 申请签证，等待签证结果

关于学生签证的申请材料及流程部分，具体会在第 5 章讲述。这里主要强调的是，签证材料千万不要造假，英国对这一方面的要求非常严格，只要发现学生作假，拒签 10 年，这意味着学习之路将无法在英国走通了。

6. 规划行程、准备行装、登机出国

提前规划好到达学校的时间和路线，确认学校是否安排接机等；预定机票，与航空公司确认行李的限制重量；最后就是准备行装，登机出国。

当收到多个 offer，该如何抉择

在拿到所有学校的有条件录取后，应该好好地评估一下自己，看学校给出的条件自己在毕业前能否达到，有没有潜在的风险会导致自己达不到校方开出的条件。比如，如果学校 offer 上要求最终成绩是 85 分以上，但是你目前的平均成绩是 84 分，应该怎么办？这时候有同学会说"可以发给学校，让学校评估呀"，不过就笔者经验，绝大部分学校会回复"到时候以你最终的成绩为准"，

意味着你现在问了也是白问，当然，这不代表不能与学校沟通，发发邮件还是有必要的，说不定差零点几分，学校还是会欣然接受的。不过，这个时候最重要的还是要评估一下，自己是否能在最后一个学期提升最终的 GPA，或者重修分数不高的课程，从而提升平均分数。

无论是申请时选择学校，还是拿到 offer 后选择学校，大都是参考大学排名，一般是泰晤士高等教育 TIMES 排名及 QS 世界大学排名。现在大多数的排行榜都是用指标来进行排名，有些甚至用社会调查这种主观性很强的指标，如学生满意度。

通常来说，即使采用完全客观的指标，也不可避免地对大型学校有利，并且所有排行榜都不能反映大学对于人才的培养（也就是说，不能反映学生在这所高校里接受到的教育水平）。另外，这类排名更偏向于本科课程，对于研究生课程，该排名并没有很高的参考价值。因为英国每年的 TIMES 排名大多数指标是按照本科生来评估的，比如入学标准就是指大学录取本科新生的标准，按照每年录取新生的成绩与申请成功率计算，分数越高，证明该大学在英国本土高中生中的口碑越好，所以对于申请硕士课程以上的学生，此项的可参考性就显得稍弱。

要判断学校的真实实力从而去选择 offer，只看综合排名是远远不够的，要考虑多方面的因素，比如可以从学校名气、地理位置、专业、教授情况、工作就业、生活环境、消费水平等方面入手。

当收到拒信，该如何 argue（争取）

英国的 G5 大学（牛津大学、剑桥大学、伦敦政治经济学院、帝国理工学院、伦敦大学学院）基本都是拒信"狂魔"，无论是其研究水平还是学术水平，都是英国精英大学的代表，因此其严格的录取标准也是必不可少的。首先对学生的院校背景和均分都有一定的要求，其次就是严苛的雅思成绩，都是学校给出拒信的原因。

除了 G5 大学，还有几所大学的要求也一直不低，例如杜伦大学，其商科就有一套自己的招生标准，对中国学生的学校背景及成绩要求都很高。此外，爱丁堡大学、布里斯托大学等对中国学生的要求也非常严格，偏偏这些高要求的学校，都是很多学生的 dream school（梦想中的学校）。

那收到这些 dream school 的拒信后，该怎么办？很多学生的第一反应是去 argue。有 argue 这个想法没错，但是要讲究"对症下药"。

首先，要问清楚被拒的原因，是因为成绩不够？本科院校不够优秀？还是因为没有学过专业课程，或是没有提交雅思成绩，诸如此类，原因不同，argue 的侧重点也是不同的。

如果平均分没有达到专业申请要求，对于学校来说，学术成绩是硬件申请条件，这种情况下，就要看学生的专业课程是否达到或高于学校要求，并以此为出发点，给学校发邮件说明情况，并且询问是否可以补充其他材料证明，但是这种 argue 成功的机会不大。

倘若学校觉得学生的背景不适合申请的专业，那么就问学校是否能推荐其他专业，然后看推荐的专业是否符合自己的预期；如果是雅思成绩没有达到申请专业的要求，或是没有交申请费，这种情况 argue 成功的希望非常大，一般情况下，只要补缴申请费或者重新提交合格的雅思成绩都是能成功的。

下面详述两种情况的 argue：一是针对学术成绩 GPA；二是针对语言成绩，即雅思。

1. 学术成绩的 argue

因为学术成绩不合格而收到拒信，在上面已经讲过，argue 成功的可能性不大，所以这里要说的是另外一种情况，就是目前的学术成绩没有达到学校的要求，但是学校还是给了有条件的 offer，这个情况该怎么办？如果是零点几分的差距，学校一般不会太严苛，因此需要 argue 的是那些相差 2 分左右及以上的学生。

收到有条件 offer 的学生，通常会有两种做法：第一种是马上给学校发邮件 argue；第二种是先接受，等到了换无条件 offer 的时候再 argue。对于第一种做法，有些"善解人意"的学校可能直接降低有条件 offer 的学术要求；但排名不错学校的答复一般是，暂时无法降低学术成绩的要求，待全部成绩出来并做评估后才能知道是否可以换无条件 offer，这就意味着只能采用第二种做法。

如果收到 offer 决定马上去 argue，那么可以参考如下理由：

❖ 我的本科学校排名靠前；

❖ 我的专业课成绩很高，对于专业课程有极大的兴趣和热情；

❖ 虽然我的平均分不高，但是我的排名很不错，并附上排名证明（该类证明可以去教务处开具并盖章）；

❖ 虽然我的平均分不突出，但是我每年都在进步，成绩一直呈上升趋势。

如果想等到换无条件 offer 的时候再去 argue，那么就要尽量保证最后一学期的课程成绩和论文成绩不错，最好论文成绩得优秀。这个时候除了上述理由之外，还可以加上：在准备论文的时候，我做了哪些努力，如果能让论文导师写一份推荐信就更能证明你对于专业的理解及研究能力。

这些理由都是可以作为参考的，具体还是要根据自己的实际情况来整理。在给学校写邮件的时候，论据越充分，成功的可能性就越大，因此 argue 信里不要把自己的亮点藏着掖着，要充分地展示出来。当然，也不要过于自大，言语之间要拿捏好"度"。

2. 语言成绩的 argue

语言成绩需要 argue 的常见情况就是，考了多次雅思，总分达到或超出要求了，但是总有个别小项没有达到，希望学校能综合看待几次成绩，这种情况的 argue 还是建议去大胆尝试的，毕竟也有过成功案例。如果说单拿一次成绩与学校谈，那么基本是不可能的，通常学校会让学生重考雅思或者考虑申请语言课程（pre-sessional）。当然，如果曾经有过英语授课经历，比如参加过交换生项目、2+2 项目或 3+1 项目，那么这些都是可以直接展示给学校，让学校去评估的。

第二节　语言准备

雅思考试类型（UKVI 雅思、A 类及 G 类）

1. 什么是 UKVI 雅思

UKVI 雅思的中文名称一般译为"用于英国签证及移民的雅思考试"，英文全称为 IELTS for UK Visas and Immigration，也被称之为签证类雅思。

官方释义：

IELTS for UKVI is a UK government-approved Secure English Language Test（SELT）. An IELTS for UKVI score can be used to prove your English language abilities in support of a UK Visas and Immigration（UKVI） application.

UKVI 雅思是英国签证和移民局实施签证类安全英语语言考试新政。用于英国签证及移民的雅思考试是英国签证和移民局对特定类型的英国签证申请所开设的考试。

2. UKVI 雅思和普通雅思的区别

（1）用途不同

如果是去英国就读非学位课程，如搭配的语言课程、本科预科、大一文凭课程、硕士预科课程等，必须遵循 UKVI 的新规定，即学生必须在被授权提供 UKVI 雅思考试的考点参加考试，并在报名时明确考试的目的。雅思报名时选择"用于英国签证及移民的雅思考试学术类"。

如果是达到无条件录取的语言要求，去英国直接就读本科、硕士、博士学位课程，就读的英国院校具有"高度可信担保方 highly trusted sponsor"身份，只需提交校方所要求的英语语言水平证明，如雅思成绩等。报考这类雅思成绩，可以选择普通雅思的学术类。

（2）安全监控级别不同

英国签证与移民局将加入考试安全级别的监管中。为满足英国签证与移民局对安全监控的要求，承办 IELTS for UKVI 的考点，其安全监控技术和级别会更高。

（3）考点不同

目前中国大陆地区可以提供 IELTS for UKVI 考试的有 15 个城市，包括北京、沈阳、上海、南京、杭州、福州、济南、武汉、广州、深圳、重庆、成都、天津、济南和西安。香港亦可报考 UKVI 雅思，其余国内城市均不在英国签证与移民局认可的范围内，在报考雅思考试时需要注意这一点。

（4）考试费用不同

因为考点和设施不同，所以 IELTS for UKVI 与 IELTS 的考试费用也会有所不同。就中国大陆来说，普通雅思的单次考试费用为 1960 元人民币，UKVI 雅思的单次考试费用则需要 2070 元人民币。

3. A 类和 G 类的区别

雅思考试分为两种类型，分别是学术类（A 类）和培训类（G 类）。学术 A 类雅思考试适合准备出国留学的同学，培训 G 类雅思考试适用于计划在英语国家参加工作或移民等。

简而言之，要留学就报考 A 类雅思，要工作或移民就报考 G 类雅思。

我该报考哪类雅思及何时准备考试

该报考哪一类雅思？简单粗略地说，无论申请英国什么学校，要读预科和语言课程就报考 UKVI 雅思，直接读本科或研究生，就报考普通雅思。

如果大学时期，英语四级一直考不过，那么建议报考 UKVI 雅思。曾经有学生对自己的语言非常有自信，坚持报考普通雅思，可惜结果总是不尽如人意，考了几次还是达不到雅思录取条件，报考几次雅思，再加上补习的费用，足够读个短期语言班了。因此，保险来说，报考 UKVI 雅思，能给自己留条后路，就算后面达不到雅思要求，起码还有机会申请语言班。

什么时候需要准备雅思？准备，赶早不赶晚。英语基础好的，一次就能通过，也有考十几次还是选择读语言班的。雅思虽然是针对性的考试，但是究其根本，也就是英语能力测试。不管英语能力如何，平时多看英语文章，多听英文广播没有坏处，或者把喜欢看的美剧多看几遍，不看字幕，听不懂的重新听，听完再核对字幕，坚持几个月下来，听力提高得不是一星半点。那么什么时候去考雅思呢？雅思的有效期是两年，考虑到这个时间，也就不用太着急，如果大一就考了，那么申请研究生的时候就过期了。

什么时候将雅思成绩提交给学校？在申请的时候，英国绝大部分学校是不用提供雅思成绩的，个别学校及学院有其特定的要求，比如爱丁堡商学院、曼大商学院等。其他学校一般都允许先递交申请，后补交雅思成绩。如果申请的时候没有递交，而学校又需要的话，那么学校也会在后期发邮件让学生补交的。

那么拿到学校 offer 之后，什么时候将雅思成绩提交给学校呢？首先确认是否就读学前语言课程，也就是 pre-sessional language course。如果没有达到 offer 的语言条件，那么就要申请语言课程，基本上 3、4 月份就要提交雅思成绩并开始陆续申请语言课程。如果已经达到 offer 的语言条件，那么 7 月份就需要提交雅思成绩，以预留时间换取签证函及办理签证。当然，鉴于现在在中国办理签证有快速签证服务—— 5 个工作日或者 24 小时出签证结果（后面会在签证部分谈到），因此最晚也有 8、9 月份提交雅思成绩的情况。

雅思成绩没达到要求怎么办，如何申请语言班

英国绝大部分学校都有学前语言课程（pre-sessional），该课程是英国的大学为国际学生专门开设的，目的是让那些语言成绩没有达到学校要求的学生，参加一个短期的语言培训。该类短期语言课程从 4 周到 20 几周不等，一般上几周的课程取决于学生现有雅思的成绩。

因为名额有限，所以语言班申请一定要抢占先机。每年学校的语言课程申请都异常火爆，如果专业课的录取人数是 X，那么语言课程的申请人数就是几倍、几十倍的 X，毕竟语言课程是不同专业的学生都会申请的。个别学校针对商科的学生还会开设特定的语言班，但这个毕竟是少数。之前有不少学生在申请语言班的时候不够果断（毕竟单个语言课程就需要多花几万人民币，增加了一定的经济负担），到了 6、7 月份，雅思还是没考过，再去申请的时候，学校已经满额了，这种做法可谓是因小失大。

根据笔者的经验，就算达到了 offer 的语言要求，在经济和时间允许的情况下，最好还是去参加一下语言课程。原因在于，不论你在国内把英语单词记得多牢固，语法学得多精通，到了异国你就会发现，适应当地人的口音和语速不是分分钟就能做到的。英国的老师教英语，与中国的老师教英语，完全是两码事。前者在学术英语上更为讲究精确性，在日常英语教授上也能帮你代入文化；后者一般来说，还是以应试为主。

那么该如何申请语言班呢？首先要了解申请的语言班是网申还是纸质申请。确认好申请方式后，将雅思成绩单、护照页面及有条件 offer 一并发给学校。收到语言 offer 后，要仔细阅读 offer 的条件，如果需要交押金，要在截止日期之前尽快缴纳，以免 offer 过期。押金缴纳后，将凭证发给学校换取语言的无条件 offer 及 CAS 签证函，后期办理语言签证。

第三节　文书准备

英国大学申请的文书主要包括三类：个人陈述（PS）、推荐信（RL）和简历（CV）。有不少学生会问，"英国很多大学不是不看文书的吗？是不是意味着只要平均成绩和学校达到条件就可以了，文书质量都无所谓"，当然不是。

基本上英国的每所大学都有自己的录取条件，比如要求本科学校是中国前150名，或者大学平均成绩要达到英国本科2.1的水平，这种录取是"以成绩和学校为基础"的，但并不等于文书仅仅是"走个流程"。虽然一份优秀的个人陈述不能做到雪中送炭，帮助一个双非学校且平均成绩为60多分的学生申请到英国top的学校，但是完全可以锦上添花，帮助你在同一批次，也就是差不多水平的学生中脱颖而出，特别是申请英国G5的学生。

那么应该如何准备文书，又如何利用文书让自己脱颖而出呢？以下分别对三类文书进行详细介绍。

个人陈述（Pesronal Statement，PS）

在制作申请文书的时候，首先到官网查询自己申请的专业对文书是否有特定要求，如字数控制、需要涵盖哪几个方面等。例如申请本科的学生，一般是通过UCAS申请系统递交申请，系统中对于PS就有字符数限制（4000字符或47行）。此外，英国华威大学的WMG学院在官网上就有对PS的规定，明确指出PS应包含：

- ❖ 为什么想要学习硕士课程；
- ❖ 为什么要选择该课程（重要），不能只说对它感兴趣；
- ❖ 你之前的学校和工作经历与这个课程是怎么相关的；
- ❖ 你都养成了哪些学术技能，这些技能如何对你学习所选专业有用；

❖ 你能提供哪些方面的个人能力，同样也需要解释这些技能如何对你在 WMG 的学习有帮助。

1. 你将来的职业目标是什么

有不少申请过 WMG 的学生曾抱怨，"学校发拒信的理由居然是 PS 不合格，这样也太不合理了"，还有学生说，"这学校也太死板了，为什么一定要按照要求来写，怎么不能写个性化的文书？"

听到这里，笔者不得不毫不留情地批评他们：学校官网有明确规定，你不按照规定来做，被拒不是理所当然吗？有时间给自己找各种理由和抱怨，还不如向学校争取一下，询问学校是否可以接受重新递交一次 PS。

如果非常不幸地碰到一些非常严格的审核官，可能就会被质疑你没有认真阅读官网的要求，质疑申请是否真诚。所以说，摸透学校专业的官网非常重要，不仅要看学校对文书是否有具体要求，最好还能把自己对开设课程的兴趣和理解阐述在文书中。

2. PS 到底写什么

一般来说，PS 主要包括学生的学术背景及成就，比如曾经获得过某某国家级奖项，如果是比较有认可度的，可以在奖项后做补充说明，增强其分量，最好能将自己的学术背景与申请的专业建立起联系；其次，通过课外活动或实习经历来体现自己某些方面的能力，比如领导力、组织能力等，同时也可以将自己的心路历程做一个简明扼要的总结，比如说在某方面遇到了什么困难，是如何克服的，切记千万不要记流水账。此外，还可以写对自己申请专业的理解及解读等。

上述只是框架，为了让文章更饱满，你可以举例证明，毕竟谁都不喜欢听空话，也可以做简单的对比。

曾经有个学生让笔者帮他审读一下他的 PS，一眼望去，洋洋洒洒一两千字，字体是四号宋体，行间距也不小，足足占了几张 A4 纸。开头第一段的主题是围绕"为什么申请这个专业"，第一句是"我从小就对商科很感兴趣，我的兴趣来源于我做生意的爸爸"。先别说这冗长的篇幅是否会让审核官有勇气拜读，就说这开头吧，在笔者看过的十篇 PS 中，开头说父母是兴趣起源的占了差不多一半的比例，看得多了就像是看数学公式，尽管你兴趣起源于父母是真实的，也难免有种套用公式的嫌疑。当然，不是说父母的相关性就不能提，但是如果要老调重弹，那就非常考验语言功底了，如果你觉得自己英语能力一般，尽量还是不要走老路子。

为了突出个性，你可以讲一个简短的小故事，描述这个专业让你心动的瞬间。比如笔者曾有个学生要报考电影专业，他在 PS 的开头就说，是一部《美国往事》让他发现了光影之美，那些空间和时间的延展，让他发现电影再造现实的魅力，而随着电影看得越来越多，他不再满足于旁观，按捺不住想要成为创作者的冲动，所以决定去英国修读电影专业。这种溢出字面的热情，要比陈词滥调更能打动审核官。

推荐信（Recommendation Letter，RL）

本科课程申请一般只需要提供一封学术推荐信，即老师推荐信。通过 UCAS 系统填好推荐人信息后，系统会发邮件给推荐人要求写推荐信。研究生申请一般需要提供两封推荐信，且至少有一封是学术推荐信。对于没有工作经验的学生来说，一般建议提供两封大学老师的推荐信；对于有工作经验的学生来说，可以选择提供一份老师和一份雇主的。

学校老师推荐信部分，建议选择与所申请专业相关或相近的专业课老师，借他来向招生官展示自己的学术学习与研究所需的能力。如果申请的是会计与金融专业，并且背景也是同一类，那么就可以选择会计或金融专业课的老师；如果是转专业申请，那么可以选择能体现自己这方面潜质和能力的相关课程，如经济学或数学类课程老师。如果实在没有，就选择成绩好的那门主修课老师。

通过专业课程的老师举出实例，体现自己优秀的学习能力。除了学术类老师，还可以选择平时接触较多，对自己整体情况比较了解的老师或辅导员，通过他们展示自己学习之外的能力，如团队沟通能力、交际能力等。

而工作单位，也建议选择了解自己工作内容、工作状态、工作表现的上司或同事。一般直属上司才更有发言权来介绍你的能力特点，并且能够对这些特点的相关事例做解说。不然，推荐信的说服力就不足了。

推荐信的内容主要包括三个方面：推荐人与申请者之间的关系、认识时长及对申请者的具体了解。

值得一提的是，推荐信中，在写到申请者的能力时，需要通过相关的事例来论证申请者的能力，这样才更加具有说服力。举个简单的例子，如果推荐人只在推荐信中说申请人的学习能力强，是一个聪明的学生，那么这些话在我们的脑子里就完全形成不了概念，毕竟推荐信中没有几个是学习能力不强的。但是如果在后面可以举例说明，比如"他学习能力很强、很聪明，对于一些其他学生难以理解和掌握的知识点，他听过一次讲解后就能掌握，并且能举一反三解决其他相关问题"，那么通过这类的对比和延展，就很容易让对方明白，申请人是符合推荐人所说的特质的。

此外，在推荐信中不要事无巨细地描述申请人的具体行为，毕竟推荐人就算了解申请人做过什么，也不可能了解其中的具体细节及其做这件事情的心理活动。曾经看过一个学生提供的推荐信，里面的内容就是描述自己在学校里曾经帮助过一个因为打篮球受伤的陌生人，把对方扶到医务处之前，还非常机智地拿冰块敷住伤处，并不断地摸着头安慰对方等，这种细节除了自己和当事人，推荐人应该是没办法知道吧，因此这类当事人的心理活动能省则省吧。

个人简历（Curriculum Vitae，CV）

如果说个人陈述是自我个性的展示，那么简历就是自我全面的展示。下面就简历做一个小总结：

❖ 个人信息：留下你的主要联系方式，不需要写太多，一两行即可；

❖ 学术背景：如果你来自国内高校，或者平均分很高，可以加粗来突出；

❖ 实习或工作经历：一般按照时间顺序（用倒叙），如果有特别想突出的部分可以放在前面，强调负责或参与过的项目经历；

❖ 课外活动：注重体现你的课外能力，与上面的实习或工作经历异曲同工；

❖ 荣誉或资质证明：挑选含金量高的荣誉，或者考过的受认可的证书，特别是与专业相关的证书，如 ACCA、司法考试等。

总之，一场留学之旅的开启，背后是各种繁琐的准备。备战雅思、文书材料，每一项都是对过往的总结，也是对自我能力的考验。如何在此过程中，协调各方资源（学校、单位），充分挖掘自身背景，尽量与所申请专业对口，并最终获得心仪院校的 offer，是准留学生必须着手面对的挑战。

第四章 / CHAPTER FOUR

如何申请英国院校

肆

　　相信通过前几章的阅读，你已经初步了解了英国的教育体系，并选择好了自己的留学院校和专业，同时已经做好了留学申请的前期准备。本章将介绍如何申请英国的院校，从英国中学申请、本科申请、硕士申请到博士申请，内容包括申请材料准备、申请方式、申请流程等。还插入了经典的留学申请案例，一些是学无国界顾问老师的总结，另一些是通过学无国界申请成功的学生自己撰写的，一起分享给大家。

第一节　英国中学申请

英国的中学按照资金来源可以分为私立学校（Private School）和公立学校（State School）。因为公立学校的资金主要来源于政府和纳税者的收入，所以可以为学生提供免费的教育；私立学校的主要资金来源于慈善机构资助、校友资助和学生家长支付的费用。

私立寄宿学校（Private boarding school）的费用（学费 + Boarding fee）每年在 25 000～40 000 之间，除此之外，家长还要为学生准备一些零用钱用来参加课外活动。

私立寄宿学校提供精英式的教育，通常是英国中产阶级以上家庭的首选。学校会根据学生的情况因材施教，而且是小班授课。与公立学校不同的是，学生进入私立学校需要参加入学测试，成绩合格者才可以进入。因为绝大多数国际学生来英国读中学，选择的都是私立寄宿学校，所以本书将详细介绍英国私立寄宿中学的申请方式。

申请方式

申请英国的私立中学，都是直接向学校递交申请的。学生需要填写学校的网上申请表，或者给学校发邮件索要申请表。前面刚刚提到过，申请英国私立寄宿中学，需要参加学校的面试和入学测试，测试含数学、英文；申请理工科的学生还会被要求测试物理、生物、化学等科目。因此学生要提前做好准备，除了提高自己的英文口语和听力之外，还要准备如何用英文回答数学、物理等专业科目的问题。

学生也可以参加 UKiset（UK Independent Schools Entry Test）的考试。英国的学校可以根据 UKiset 的考试结果，评估学生目前的学术水平和能力，同时与 UK 本国学生进行对照，为录取学生提供参考。UKiset 测试的主要是学生的数学、英文学习能力和问题解决能力。

目前，UKiset 测试被英国 200 多所学校认可，并在全球 130 多个国家设有考点。那些立志于申请英国私立寄宿中学的同学，可以考虑参加该测试。

申请流程

申请中学，首先是选择学校。需要结合个人特点、学校特点和要求进行综合选择。

学生在选择学校时需要考虑的因素包括学校排名、课程设置、地理位置、国际学生比例、家长预算、选择单一性别学校还是混合学校等。其实，最理想的状态是学生在申请之前可以亲自去学校参观一下，但对于绝大多数国际学生来说这是不可实现的，所以就要向学校索取大量的相关资料，以确保选择的是最适合自己的学校。

选择好心仪学校后，就可以单独向学校递交申请了。学生要准备好申请材料，并向学校递交申请表。申请材料相对比较简单，除了比较基础的成绩单外，还需要亲自撰写简单的个人陈述，以说明自己的兴趣爱好，同时也是学校对学生基础写作能力的考察。申请表可以是在线的，也可以是纸质的，表格可以在学校的网站找到或通过向学校发邮件索取。此外，因为每所学校需要 50 ~ 200镑的申请费，所以最好在精准定位之后，再选择申请哪所学校。

申请过后，初步符合标准的同学会接到学校的面试和笔试通知，通常 11月份截至日期前申请的学生，会在第二年的 1~2 月份接到面试和笔试通知。国际学生的面试可以采用 Skype 和电话的方式，无法亲自到英国参加测试的学生可以在学校指定的机构下进行考试，如学生所在国家的英国文化教育协会（British Council）办公室、学校在该国的代理机构等。考试内容为数学和英文，如果不清楚考试类型和难度，可以向学校索取之前的样题（Sample paper），以便提前做好考试准备。

考试通过后，学校会发放有条件录取（Conditional offer）或无条件录取（Unconditional offer）通知书。如果确认要进入该校，那么就要支付一定比例的学费押金来确定位置。当拿到学校的 CAS letter（签证函）后，就可以签证到英国就读了。

上述流程总结如下图：

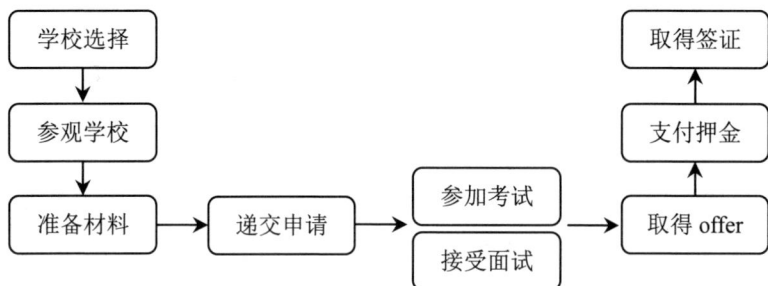

申请材料

申请英国中学的材料相对比较简单：护照是为了确认学生的年龄是否满足入学要求；成绩单和老师推荐信是为了评判学生之前的学术表现和学习能力；个人陈述是对学生特点和兴趣爱好进行基本了解，并初步判定学生的英文水平，字数在 200～500 字。根据学生申请的阶段和年级有所不同。有些在音乐、艺术、体育等方面有特长的学生，也可以递交相关证明，如绘画作品、录制的唱片、获奖证明等。很多学校还为艺术和体育特长的学生提供单独的奖学金，可见无论在任何时候，有一技之长是多么的重要。

英国中学申请材料包括护照、成绩单、在读证明、个人陈述、学生表现评定及其他证明。

申请时间

关于英国中学的申请时间，"It is never to early to start!"再早申请也不为过。

一般学校要提前一年申请，也有一些优质学校要提前 2 或 3 年申请，更有甚者从孩子出生就要注册排期。因此申请私立寄宿学校的家长要提早做准备。

下面以常见的需求，即提前一年申请的私立寄宿学校为例：

如果学生打算在 2016 年 9 入读,那么在 2015 年 9 月就可以递交申请了,通常申请在 11 月截止,通过学校筛选后,需要在 2016 年 1~2 月参加测试和面试。还有一些学校申请比较灵活,没有严格的申请截止时间,并且学校会有 1 月、4 月和 9 月三次入学,学生和家长可以根据自己的情况灵活选择。

总之,英国中学的申请要提早进行,家长和学生要充分了解学校信息和自身条件,做到知己知彼,百战不殆。除了充分的材料准备外,学生还要做好面试和考试的准备,以及充分的心理准备——独自面对海外生活。如果准备晚了也没关系,有些学校有灵活的入学时间,每个学期都有开学时间。所以无论你身处什么样的阶段,总有一所英国中学适合你。

A-level 申请成功案例:

为学生成为医生的职业理想助力

申请课程:A-level
申请院校:Taunton School(陶顿中学)
Harrogate Ladies College
Concord College
目标意向:医学院

康同学:2016 年 9 月~2017 年 9 月在英国剑桥附近的一所中学就读 1 年制 GCSE 课程,但是学生并不满意目前的学校。因为读 GCSE 之前没有充分了解学校信息,到了学校后才发现与自己想像中的英国中学不太一样,比如说,学校没有图书管、校园很小等,同时对学校的教育质量也不是很满意。通过朋友介绍,找到学无国界的海外升学业务部 UVIC,开始帮助其办理转换学校的事宜。

学无国界的申请导师深入了解了学生的背景和申请意向，为其安排了三所学校并进行申请：

（1）为了能让学生更加充分地了解学校情况，申请导师帮助学生安排了校园参观，避免学生就读后发现不喜欢学校的环境。

（2）申请导师了解到学生将来有申请医学院的打算，为其选择了生物和化学专业比较强的寄宿中学，并且申请的 Taunton School 是含有 Pre-medicine 项目的，可以帮助学生为将来申请医学院做准备。

（3）为了帮助学生通过 A-level 面试，学无国界还专门邀请了英籍导师，为学生进行面试辅导。面试导师不仅辅导了面试中常见的问题，还有面试策略和面试心理辅导，以帮助学生顺利通过面试。

经过长期的准备，康同学终于拿到了心仪学校的 offer，准备 9 月份到校就读 A-level 课程。

本案例对于其他学生的提示是：申请英国私立寄宿学校一定要提前准备，好的学校要提前 1 或 2 年进行申请。

第二节　英国本科申请

申请英国本科的学生主要有两种：一种是通过 A-level（英国高中课程）考试的学生；另一种是在英国就读 Foundation（预科）的学生。

需要提及的一点是，笔者并不建议在中国读高中的学生直接申请英国本科，原因如下：

首先，如果没有英国 Foundation 或 A-level 作为过渡的话，会比较难适应英国的本科教育，无论是语言还是文化氛围的融入。国内高中除了国际学校以外，都是非全英文授课，直接从这样的环境跳转到异国，其难度可想而知。

其次，在国内读普通高中的同学（这里的普高不包括实行 A-level 教学体制的国际学校），一般很难直接申请到好的英国大学（前 30 名），因为大学也会对学生"空白"的教育背景持怀疑态度。

申请英国本科有两种方式：一种是通过 UCAS 递交申请；另一种是向学校直接递交申请。本书重点介绍通过 UCAS 申请英国本科。

UCAS（Universities and Colleges Admissions Service），翻译成中文是"英国高等教育招生办公室"，其职责是为英国高等教育机构提供招生服务。

欧盟和英国本土学生申请英国大学时，必须使用 UCAS 申请系统。对于国际学生，绝大多数英国大学尤其是排名较高的优质大学，也要求学生使用该系统。少数英国院校接受国际学生直接申请而不使用 UCAS，但是使用 UCAS 申请会更加方便了解各个大学的申请进度。

申请院校

在 UCAS 系统上最多可以选择 5 所院校进行申请，通常专业选择都是相关或相近专业，因为只能上传一篇 PS（个人陈述）适用于所有申请院校。对于医学类院校的申请，一般可以选择 4 所医学类院校和 1 所非医学类院校。在 5 所申请院校的选择上，学生要根据自己的 A-level 预估成绩，选择 1 或 2 所冲高院校和 1 或 2 所保底院校，以确保最终会有学校录取而不漏申。

申请材料

通过 UCAS 申请，学生无需上传申请材料，学校会通过 UCAS 申请表决定是否录取。有时学校会给学生发邮件，要求学生提供材料扫描件或补充一些材料，并规定学生在指定时间内回复，否则就被视为放弃继续申请，所以同学们一定要及时回复。特别要说明的是，推荐信是由学校老师或由 UCAS 的官方申请中心在顾问登录系统（Advisor Login）中上传的，学生看不到推荐信的内容，其目的在于对学生作出客观公正的评价。

申请时间

UCAS 每年 9 月中旬开始接受申请。牛津、剑桥及一些医学类专业的大学在 10 月 15 日就截止申请，因此建议申请牛津、剑桥和医学专业大学的学生提早做准备。艺术类专业的申请也比其他专业截止的要早，因为学校要评定学生的作品集，而且通常需要面试。

UCAS 申请关键时间如下：

- ❖ 9 月 1 日——开始接受翌年 9、10 月份开课的申请；
- ❖ 10 月 15 日——牛津、剑桥大学截至止申请（医学、兽医、牙医本科截止申请）；
- ❖ 1 月 15 日——欧盟和 UK 学生截止申请；
- ❖ 2 月底——UCAS Extra 开始；
- ❖ 3 月底——艺术类截止申请；
- ❖ 6 月 30 日——国际学生截止申请；
- ❖ 7 月中旬——UCAS Clearing（英国大学补录申请）开始。

对于英国本土和欧盟的学生，UCAS 在 1 月 15 日申请截止，而国际学生的申请一直延续到 6 月 30 日。虽然对于国际学生的申请准备时间比较宽裕，但是从签证及录取名额的角度考虑，还是建议学生提前申请。学生会在申请过后的一定周期内得知申请结果，未被任何学校录取的学生可以用 UCAS Extra 或者在 UCAS Clearing 阶段继续申请，详见下文。

申请流程

学生需要在 UCAS 官方网站（http://www.ucas.com）注册申请帐号，全部信息填写完成后，递交申请并支付费用。只申请一所院校的申请费是 13 英镑，申请 2~5 所院校是 24 英镑。

学校通常会在收到申请后的 4~8 周内通知学生是否被录取，完全达到学校录取条件的同学会获得无条件录取通知书（Unconditional offer）。比如说，学生已经高中毕业，并且雅思成绩达到直接就读本科的标准。

但是对于大多数学生而言，获得的都是有条件录取通知书（Conditional offer）。比如，学校要求学生最后的 A-level 成绩达到 AAB，或者雅思成绩达到 6.5（单项不低于 6.0）。

学生在获得 offer 后，需要在规定时间内回复学校是否去就读。对于获得 Conditional offer 的学生，可以选择两所学校进行确认，当最后成绩达不到第一所学校的入学要求时，可以进入所选择的后备学校进行就读。所以后备学校的选择也很重要。

对于获得 Unconditional offer 的同学，只能选择一所学校进行确认，那些获得 N 所学校 Unconditional offer 的学霸们，一定要慎重选择学校，因为一旦选择，就要在这里度过 3 或 4 年的大学时光。

申请流程图见下页：

UCAS Extra

如果已经用完 5 所院校的申请名额，并且非常不幸地被所有申请院校拒绝，那么可以在 2 月末和 7 月中旬之间再申请其他院校作为补充，这便是 UCAS Extra。

有资格进入 UCAS Extra 阶段的同学，每次只可以申请一所院校，直到有学校录取为止。所以学生要先查询学校的录取条件，并结合目前的成绩情况进行院校选择。也有一些学生对已经录取的院校不满意，也可以拒绝已经取得的 offer 进入 UCAS Extra 阶段。

```
                        ┌──────────┐
                        │   申请   │
                        └────┬─────┘
                        在线填写 UCAS 申请表（最多填写 5 所学校）
                   ┌──────────────────────┐
                   │   英国高等院校招生办   │
                   └──────────┬───────────┘
                   ┌──────────────────────────┐
                   │ UCAS 将确认信发送申请院校 │
                   └──────────┬───────────────┘
                ┌────────────────────────────────┐
                │ UCAS 将申请表副本送往所有申请院校 │
                └──────────────┬─────────────────┘
             ┌──────────────────────────────────────┐
             │ 每所院校决定是否接纳申请，并作出决定  │
             └──────────────────┬───────────────────┘
   不符合条件不予录取     ┌──────────┐    提供学习录取
                          │   UCAS   │    确认函（CAS）
                          └────┬─────┘    及相关资料
                     资料或条件不足发出
                     有条件录取通知书
                        ┌──────────┐
                        │  申请人  │
                        └──────────┘
```

UCAS → 申请人

报读院校 → 不符合条件不予录取 → 申请人

附加申请（3 月中旬至 6 月底）或清档阶段（6 月 30 以后），与学校联系

尚未满额的院校 — 符合条件，提供学习录取确认函（CAS）及相关资料 → 申请人

申请人 → 申请办理护照 → 申请人所在地公安局 / 分局 → 出具护照 → 申请人 → 申请办理签证 → 英国签证申请

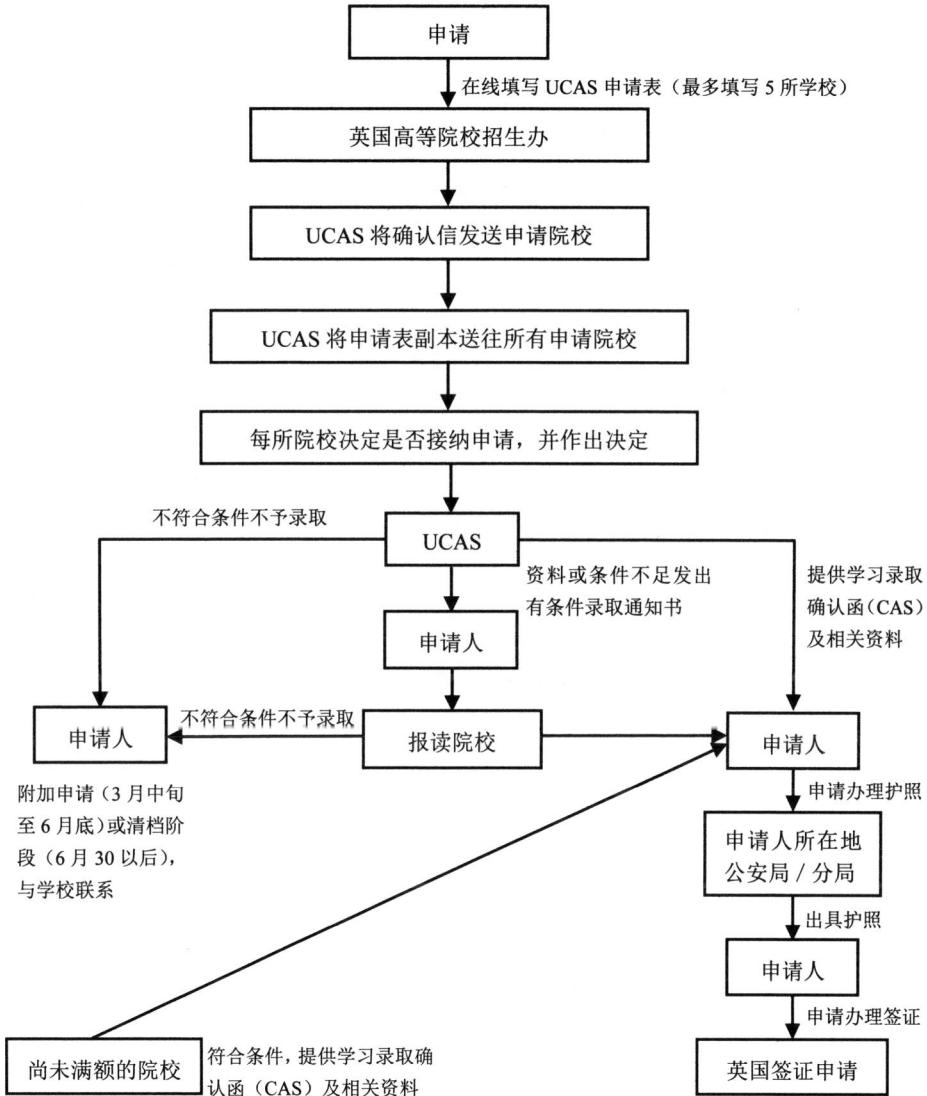

图片来源：Education UK

UCAS Clearing

UCAS Clearing 阶段于 7 月中旬开始，针对那些没有收到 offer，谢绝了学校所有 offer 或错过了 6 月 30 日申请截止日期的同学。

在 Clearing 阶段，学校会公布所有未满额专业的情况，学生每次只可以申请一所院校，直到有学校录取为止。比较有把握的方式是：给学校招生办打电话，向学校陈述自己的意向和基本情况，看是否有可能被录取。如果学校建议你申请，再添加在 UCAS 申请表上，以增加录取机率并节省时间。

由于 UCAS 申请流程比较复杂，除了合理的选校方案、高质量的申请材料外，还需要掌握好各个时间点，最好找专业的申请机构和人士进行操作。学无国界是 UCAS 官方认证的申请机构，会有经过专门培训的申请顾问老师来帮学生操作，以确保学生 UCAS 申请的及时和准确性。

UCAS 申请成功案例：

学无国界帮我实现哈利波特梦

申请课程：Accounting and Finance，会计与金融 本科
申请院校：Durham University（杜伦大学）
Queen Mary, University of London（伦敦大学玛丽皇后学院）
Newcastle University（纽卡斯尔大学）
University of Leeds（利兹大学）
University of Exeter（埃塞科特大学）
目标意向：Durham University（杜伦大学）& University of Exeter（埃塞科特大学）
案例分享：小凡同学

我之前就读于上海的一所区重点高中，高二结束后，来英国读本科预科课程（Foundation），是妈妈帮我找到并由学无国界的老师们帮我办理的。来到英国读预科不久，就开始考虑申请本科的事情了，虽然以我目前的成绩完

全可以升入本校就读本科，但是我想尝试更多、更好的学校，给自己更多的机会。

于是，我又找到了学无国界的顾问姐姐们。一是我了解到她们是 UCAS 的官方申请中心，通过她们办理比较方便；二是她们之前帮我申请 Foundation 的时候，非常细致、耐心。

之前申请预科的时候，都是妈妈一手操办的。现在，我已经长大了，是个大孩子了。因此我向学无国界的顾问姐姐们表达了自己的想法：在我心里一直有个哈利波特梦，杜伦大学是哈利波特拍摄地，所以我想去杜伦大学就读。

学无国界的留学顾问老师和申请顾问老师，在了解到我的想法后，一方面帮我争取 Durham university 的 offer，一方面也为我推荐了其他几所院校作为备选志愿。比如 Exeter 大学的金融与会计专业在英国排名是比较靠前的，ACCA 有免考项目，而且金融课程也被 CFA 认证；Queen Marry，University of London 位于英国伦敦的中心地带，对我将来在英国实习或就业非常有帮助。

在确定了 UCAS 申请的 5 所院校后，学无国界的顾问很快就帮我递交了申请。之后就开始了漫长的等待，中间还有很多曲折。首先是 Queen Marry University 向我抛出了橄榄枝，但是要求我的预科成绩达到 75%，这对我来说是不可能完成的任务，于是学无国界的老师帮我与学校 argue，因为另外一个拿到 Queen Marry offer 的同学，学校只要求预科成绩达到 70%。后来学无国界的姐姐帮我分析了一下情况，原来那位同学是高三毕业后来英国读 Foundation，因此学校给出了相对较低的要求。

接下来，我陆续收到了 University of Leeds 和 Newcastle University 的拒信，原因是我的数学成绩不够。于是学无国界的顾问老师为我调整了申请策略，帮我与学校沟通将我的申请专业从 Accounting and Finance（会计和金融）调整为我的第二申请志愿 Marketing（市场营销）。最后 Newcastle University

给我发来了 Conditional offer，而且给出的录取条件是我可以达到的。虽然有
Newcastle University 保底，但是我心中还是有个哈利波特梦，或者至少能进
入金融会计专业实力比较强的 University of Exeter 就读。

为了帮助我实现梦想，学无国界的申请导师帮我向 Exeter 和 Durham 大
学补充递交了我在预科学习的每个课程的课程描述，用来证明我预科课程设
置的完善和严谨，足以帮助我实现从国内高中到大学课程的过渡。其实我在
之后的等待过程中，心情是绝望的。学无国界的顾问老师一直在安慰我，要
好好学习，不要影响到自己学习的动力和心情。

终于在 3 月中旬的一天，Durham University 和 University of Exeter 大学
同时发来了会计专业的 conditional offer。我当时都不敢相信自己的眼睛，还
让室友掐了我一下，看看是不是在做梦。接下来学无国界的顾问老师帮我在
UCAS 上快速接受了 Durham University 和 University of Exeter 大学的 offer。
在接受 offer 之后，我如释重负。之前真的应该听顾问姐姐们的话，不要让
这种担心的情绪影响到学习。我真的觉得把自己的留学申请交给学无国界的
顾问老师们让人很安心。

接下来我只要继续保持目前的学习成绩，并考出一个好的雅思成绩，
2017 年 9 月份就可以到 Durham University 就读了。现在感觉哈利·波特和
他的小伙伴们在向我招手呢。

第三节　英国预科申请

英国的预科分为本科预科（Foundation）和硕士预科（Pre-master）。

本科预科是国际学生就读英国大学前的过渡课程。通过预科途径入读本
科，是适合绝大多数中国学生的方式，它可以帮助学生完成语言、学习方式和
海外生活上的过渡。

　　笔者建议中国学生读预科的原因是：英国学生在上大学之前已经完成了13 年的教育，而在中国只有 12 年；英国学生在就读 A-Level 阶段，就已经涉及了大学将要就读的专业课程，而对于多数中国学生来说，在高中只学过语文、数学、英语、生物、物理、化学、政治、历史和地理；预科可以帮助学生提高英文水平和适应当地的口音，了解在英国学习的技巧和方法，并提前感受文化氛围。

　　硕士预科适合那些学术背景或语言成绩低于 master 直接录取标准的同学。还有一些申请硕士时想要转换专业的学生，可以通过 Pre-master 来弥补学术背景和语言上的不足。硕士预科的授课内容主要包括语言、学术和学习方法三个方面。不同学校的课程设置侧重点不同，有的学校更多的是语言和学习方法，有的学校则是学术课程占更大比例，学生要根据自己的需要来　选择。

　　对于来英国无论就读本科还是硕士的中国学生来说，预科课程都是一个很好的过渡。本节将介绍本科和硕士预科的申请，下面分别对其申请方式、申请时间、申请材料和申请流程进行详解。

申请方式

　　英国的预科课程，有些是学校自己运营，也有很多是第三方运营和提供的，如 INTO、KAPLAN、ISC 等一些教育集团，还有一些 College 也提供预科课程。由第三方运营的预科课程可以直接向提供方申请（纸申或网申），需要提供的材料也相对简单，审理速度非常快。甚至有些预科提供方可以在申请过后的24 ~ 48 小时内发放 offer。

　　针对学校自己运营的预科，有些可以直接向院校递交申请，有些需要通过UCAS 申请（如 UCL 和 Queen Marry 的 Foundation）。这些预科通常需要学生提供一份之前老师的推荐信，审理周期也会相对长一些。如果通过 UCAS 申请，则需要提交 24 英镑的申请费用，具体申请方式详见前面 UCAS 申请部分。预科的申请通常无需申请费用，只有少数预科，如 SOAS（伦敦大学亚非学院）需要 90 英镑的申请费用，并且需要面试。

申请时间

虽然预科的申请名额没有本科和硕士那样紧张，但是诸如 UCL、SOAS、Bristol、UAL 这些比较高端和热门的预科还是要尽快申请。其他由教育集团运营的预科最好提前 3~6 个月申请，除了从名额和签证时间角度考虑外，很多集团为鼓励学生入学还提供了奖学金机会，只有先拿到 offer 并在奖学金截止日期前申请的学生才有机会拿到学费减免的机会。

申请材料

相对于硕士和博士申请，预科申请递交的材料比较简单，主要是学生之前的成绩证明，也有一些要求严格的预科需要提供学生的个人陈述和老师推荐信。雅思成绩可以申请的时候递交，也可以取得合格的雅思成绩后再递交给学校。艺术类硕士预科需要提供作品集，本科预科只需要学生提供 8~10 页比较简单的、能够展示艺术方面基本功或潜质的作品就可以了。

本科预科需要的申请材料如下：

（1）护照；

（2）高中成绩单；

（3）高中毕业证／在读证明；

（4）雅思成绩；

（5）个人陈述（部分学校需要）；

（6）推荐信（部分学校需要）。

硕士预科需要的申请材料如下：

（1）护照；

（2）大学成绩单；

（3）大学毕业证／在读证明；

（4）雅思成绩；

（5）个人陈述（部分学校需要）；

（6）推荐信（部分学校需要）。

申请流程

关于预科的申请流程，具体可见前面所讲的 UCAS 和后面的硕士申请。

在递交申请后，符合录取条件的学生会先拿到 Conditional Offer，当学生达到规定的语言或学术要求后，可以换取 Unconditional Offer。当然，有些语言达标和已经完成前一阶段课题的同学可以直接拿到 Unconditional Offer。学生选定就读预科课程后先支付一部分学费押金换取用于签证的 CAS Letter，之后就可以申请签证并入学。

预科是一个过渡阶段，也是对当前实力相对不足的一个补充。相比而言，本科预科的必要性比硕士预科要大得多，毕竟从高中到大学是一个巨大的跨度，学生需要这一年来熟悉语言、学习和生活环境。而硕士预科，如果你有一所心仪的大学，以现在的硬性条件还无法稳进，那么在经济条件允许的情况下，就读硕士预科吧，一年之后，通过本校考试就可以正式就读硕士了。总而言之，预科绝对是一段"物超所值"的经历。

艺术类申请成功案例：

我是如何拿到伦敦艺术大学 offer 的

大家好，我是小玉，目前在 INTO 的伦敦校区就读艺术类 Foundation，我的目标是申请 2017 入学的本科课程。因为从小对纯艺术比较感兴趣，所以委托了学无国界在伦敦办公室的顾问老师来帮我申请 Fine art（艺术类）专业。

  学无国界（UVIC 海外升学部）的申请顾问老师了解了我的情况后，帮我制定了 6 所院校的申请方案。因为伦敦是我最向往的艺术之都，所以伦敦的院校是我申请的主攻方向，申请顾问老师帮我确定了伦敦艺术大学（UAL）、伦敦大学金匠学院（Goldsmith）和金斯顿大学（Kingston）三所位于伦敦的院校以及其他三所院校。

  艺术类本科的申请文书，文案老师很快就帮我准备好了。可是最令人担心的是我的作品集，我的老师和学姐都说作品集在 Fine art 的申请中占有相当大的比重，决定了学校能不能录取我。我在高中和 Foundation 阶段，虽然做过很多作品，但是我不知道如何将其整合到一起，也不了解我的作品集是否符合院校的录取要求。

  为了解决这个问题，学无国界的顾问为我安排了艺术导师进行作品集辅导，安排给我的导师是金斯顿大学的 Master 导师。老师非常有经验并且很细心，第一次辅导的时候给我提出了 21 条修改意见；第二次辅导的时候，又给我提出了 18 条修改意见。导师还特别指出"作品集重点是体现过程，而不仅仅是展现结果"。于是我就根据导师的修改意见和指导，不断地去完善我的作品集。

  经过导师的辅导，我的作品集发生了翻天覆地的变化。之前我的作品集有 100 多页，很多作品的摆放都非常凌乱，思路也不是很清晰。经过导师的指导，我的作品集被分为了 5 个 project，每个 Project 都清晰地表现了灵感来源、发展过程及最终成品。导师还建议我在作品集最前部分放上我的油画和素描等作品来展现我的美术功底。经过导师的辅导，我对自己的作品集更有信心了。

在递交申请后的 4 周，我分别拿到了 Kingston（金斯顿大学）、Norwich University of arts（诺维奇艺术大学）、Falmouth University（法尔茅斯大学）及 Nottingham Trent University（诺丁汉特伦特大学）的 offer，由于作品集的思路很清晰，其中三所学校没有面试就直接发放了 offer。在面试 Norwich School of arts 之前，面试导师给我进行了面试指导，由于准备充分，我也很快就拿到了 offer。

又过了 4 周，我终于拿到了伦敦艺术大学 Fine Art 专业的 offer，这是我梦寐以求的院校和专业。真的很感谢帮我耐心辅导的导师和学无国界的顾问老师们。

第四节　英国硕士申请

在英国读硕士，通常为一年，比中国、美国和加拿大的硕士课程都要节省时间，个别学校和专业也开设两年制的硕士课程。硕士课程根据学习方式分为授课式（Taught）和研究式（Research）两种，开学时间除了 9 月份外，有些学校还会选择 1 月份开设硕士课程。

1. 授课式与研究式

绝大多数来英国留学的学生都会选择授课式研究生，只要按照学校的教学计划好好上课，通过学校的评估方式，好好做毕业论文或设计，最终都能拿到毕业证书。研究式的 Master 以学生的独立研究为主，老师给予适度指导，是将来攻读博士课程的基础。如果学生已经非常确定自己将来要攻读博士课程并且有明确的研究方向的话，可以考虑直接申请研究式 Master，该课程的申请需要学生撰写 1000～3000 字的 Research Proposal（研究计划）。

2. 硕士学制（1或2年）

英国授课式硕士的学制通常为一年，分为三个学期。前两个学期以授课为主，学生需要按时去学校上课，完成老师布置的作业（如 essay（论文）、report（学术报告）、course work（课业））或者参加学校指定的考试；最后一个学期学生要在导师的指导下独立完成 10 000～15 000 字的毕业论文（dissertation）或者毕业设计。总体来说，英国一年制 Master 课程设置得非常紧凑，每个学期之间学生只有 2 周左右的假期，学生的"工作量"也很大。一个学年下来，除了学术水平之外，学生在团队合作和时间管理能力方面都会有所提高。

部分学校也开设两年制的授课式硕士课程，如爱丁堡大学的建筑专业，谢菲尔德大学的法律专业。学生两年内完成 4 个学期课程，最后一学期用于毕业论文和毕业设计。这种课程设置比较接近于美国大学的课程安排，学生可以利用暑期进行实习（internship），或者去欧洲大陆其他国家旅游。增长阅历或积累工作经验，对于人生来讲都是一笔宝贵的财富。笔者有两个学生就是因为有过暑期实习的经历，毕业后在英国找到了理想的工作。

申请方式

与本科的 UCAS 集中申请不同，硕士申请需要学生向学校单独递交，而且对申请院校的数量也没有具体要求，学生一般会申请 3～5 所院校，少数学生也会申请 8～10 所院校。

建议学生结合自身的基本情况，以及对意向院校和课程进行研究后再进行申请，这样可以提高申请命中率。不清楚的学生可以参考第 3 章留学院校及其专业选择，否则申请过多的院校，既浪费自己的时间，也是对学校录取办公室人力资源的多度占用。

部分学校的硕士需要通过 UKPass 网申系统进行申请，而且越来越多的学校加入 UKPass 的申请"大军"。通过 UKPass 申请，对院校申请数量没有限制，学生需要填写一份统一的申请表并上传申请材料。UKPass 会把学生的相关信息转发给学校，学校收到学生申请后会单独审理、作出决定并通知学生。学生也可以通过 UKPass 来追踪申请进度。通过 UKPass 申请会简化申请手续，实现一份申请多投，学生不必重复填写相同的基本申请信息；同时也可以实现个性化申请，即学生可以针对不同院校上传不同的 PS、推荐信等材料。

需要通过 UKPass 申请硕士课程的院校如下：

❖ Aberystwyth University（A40）亚伯大学

❖ De Montfort University（D26）德蒙特福德大学

❖ The University of Dundee（D65）邓迪大学

❖ Edge Hill University（E42）边山大学

❖ Institute of Education, University of London（I30）伦敦大学教育学院

❖ London South Bank University（L75）伦敦南岸大学

❖ University of Northampton（N38）北安普顿大学

❖ Oxford Brookes University（066）牛津布鲁克斯大学

❖ Ravensbourne（R06）雷文斯本大学

❖ Richmond, The American International University in London（R20）里士满美国国际大学

❖ Roehampton University（R48）罗汉普敦大学

❖ Royal Veterinary College, University of London（R84）伦敦大学皇家兽医学院

❖ St Mary's University, Twickenham（S64）特威克南圣玛丽大学

❖ University of Westminster（W50）威斯敏斯特大学

❖ The University of Winchester（W76）温彻斯特大学

更多信息详见：http://www.ukpass.ac.uk。

申请时间

关于硕士申请的最佳时间，取决于学生要申请的院校和专业。

如果是申请排名前 30 的英国大学或罗素大学联盟院校，建议提前一年申请。例如：如果学生打算 2016 年 9 月份去英国读硕士课程，那么 2015 年的 9、10 月份就可以开始申请；如果是申请好学校的话，最晚建议在圣诞节前递交申请。因为越到后期，申请名额越有限，竞争也就越激烈。

如果申请的是排名 50 之后的院校或新大学（建立于英国大学第三次扩张的 90 年代）的话，同年 3、4 月份都可能会有剩余的申请名额。但是，由于国际学生需要申请签证，所以院校申请一定要提前做打算，一旦决定出国并且明确院校选择的话，就要尽快申请，以免耽误最佳申请时机。

申请材料

硕士申请的材料要比本科复杂得多，需要学生精心准备。除了要彰显成绩的优异外，比较重要的申请材料是个人陈述和推荐信—— PS 和 CV。

推荐信既可以两份都同时来源于大学老师的学术推荐信（Academic Reference Letter），也可以是一份来自于老师，另一份来自于雇主的职业推荐信（Professional reference letter），该推荐信针对工作经历一年以上的申请者。个人陈述（Personal Statement）是对自己优势、学习动机以及将来规划的一份重要陈述。

对于有工作经验、实习经验或有很多活动经历的同学，可以递交一份 CV 为自己的申请增加砝码，把自己的与众不同展现在招生官（Admission officer）和教授（professor）面前。

有些专业的学生还要准备其他材料，比如说申请艺术设计专业的学生要准备作品集；申请戏剧、表演或音乐的学生要提供之前的表演小样或者参加学校的面试（Audition）；申请研究式硕士（Research Master）的学生要准备 1000～1500 字的 Research Proposal（研究计划）；申请翻译学（Translation）的学生有时还会被要求进行小篇文章的翻译,有些学校还需要学生提供之前的 writing sample（示范论文）等。为了增加被录取的砝码，有些课余时间比较丰富的学生，可以提供之前的获奖证明或才艺证明等。

硕士申请材料如下：

❖ 毕业证、学位证（或学校在证明）

❖ 大学成绩单

❖ 语言成绩证明（IELTLS，GMAT，GRE）

❖ 推荐信两份

❖ 个人陈述（PS）

❖ 个人简历（CV）

其他材料：

❖ 作品集——艺术类学生

❖ Research Proposal——研究式硕士

❖ 获奖证书及工作证明

申请流程

准备好上述申请材料后，就可以通过直接申请或 UKPass 把材料递交给学校了。通常在申请过后的 2~8 周会得到学校的答复，越是好的学校审理周期就越长，所以同学们不要着急，需要耐心等待。

无论是被拒绝还是被录取，学校都会发邮件通知，或者自行在申请系统中查询。被录取的同学通常是先得到一份 Conditional Offer（有条件录取通知书），通知书中规定了学生在入学前需要达到的英文或学术条件，比如要求雅思成绩达到 6.5 分（单项不低于 6.0 分），大学本科最后平均分达到 80% 以上等。当学生最后达到 Condition 中的条件并证明给学校后，学校会对学生发放 Unconditional Offer（无条件录取通知书）。

有些学校和专业需要对学生面试或额外测试后，才会发放有条件或无条件录取通知书。比如申请艺术设计的学生需要携带作品参加面试，向学术老师讲述一下自己的设计理念和作品；申请 PGCE 的学生也要向学校展示具有基本的做老师的素质；申请牛津、剑桥大学的学生也常常被要求面试。参加面试的同学无需紧张，面试前做好充分休息和准备，申请材料中的任何内容都可能被作为面试的要点提问，当然也会涉及一些专业的基本知识和将来的一些打算。

申请硕士的学生，通常都会收到 N 张 Offer，通过综合比较选择一所学校就读。在确定好就读学校后，需要向学校支付一定数额的学费押金（Deposit）来占位。学校收到 Deposit 后会向学生发放用于签证的 CAS Letter，学生收到 CAS 后就可以向使馆递交签证申请了。

在中国通常需要 10～15 个工作日获知签证结果（也可以选择 3～5 天优先服务），签证下来后就可以准备行程出发了。当然，也会有个别由于材料准备不充分被拒签的情况，这个时候需要学生保持冷静，找出拒签的原因重新递交。为了以防万一，建议学生提前确认学校，以及早换 CAS 和递交签证申请，为英国留学做好充分准备。

最后关于英国读研，笔者还想多说几句。

总有人会问，英国硕士真的很水吗？这是一个伪命题，学习的质量从来就不是用时间来衡量的。一年时间短，任务重，你要做好计划，全身心地投入学业中，才能有所收获。笔者所接触的留英硕士中，凡是利用好时间的，都觉得这一年的收获，完全对得起自己所付出的金钱与精力，尤其那些在读研前还没有海外学习经历的学生，他们说，这一年改变了自己的学习方法和思维理念，而这将是受用一生的财富。

硕士申请流程如下：

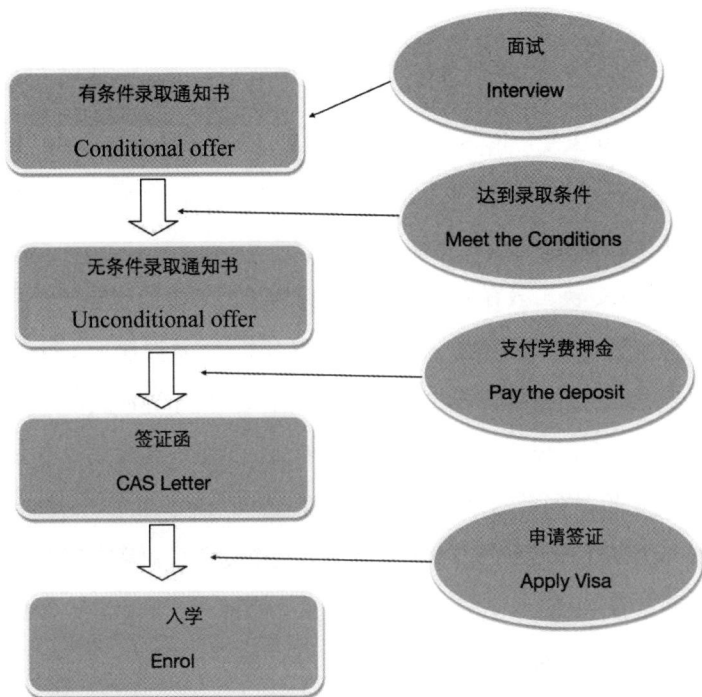

导师辅导成功案例:

57分的我,竟然拿到了帝国理工的offer

可能有些同学觉得英国名校遥不可及,觉得凭借自己的成绩和背景离英国 G5 名校有很远的距离。下面就让我用自身的经历来告诉你,只要找对方法,英国 G5 名校 offer 也是唾手可得。

我是在英国读的 A-level,随后本科就读于曼彻斯特大学的土木工程专业。大学生活虽然每天都过得很充实,泡泡图书馆或者和朋友一起逛逛街,但我心底一直有一个名校梦,立志研究生一定要入读英国 G5 大学。

时间过得很快,转眼就到了要申请研究生的时候。经过朋友推荐,我找到了有 10 多年申请经验的 UVIC 英国教育签证中心,心想着这次肯定没问题了。没想到第一次与 UVIC 英国教育签证中心留学顾问的会谈,就让我的心情一落千丈。因为我只想申请 UCL 和 IC，别的学校一概不考虑，UVIC 的留学顾问告诉我："同学，名校的申请主要看重大二的成绩。虽然你大一的成绩达到了 60 多分，但你大二的成绩只有 57 分，还有两门 40 多分。对于申请名校来说，你的成绩肯定是扣分项。"而且不仅是学校，我对自己想学习的专业也一无所知。

于是，UVIC 英国教育签证中心帮我找到了 UVIC 的导师——毕业于帝国理工学院工程专业的黄博士，黄博士帮我分析："帝国理工工科的热门专业有混凝土、结构、钢结构等，但这些竞争太大，对于你的成绩来说是不现实的。建议你报帝国理工稍微冷门的一些专业，比如环境和运输专业，发展前景都是不错的。"同时他给我推荐了 UCL 的 Construction Economics and Management Msc（建筑经济与管理）专业，这个专业毕业后就可以获得皇家特许测量师学会（RICS）的证书，在英国只有两所大学毕业后可以立即获得此证书，另一所是曼彻斯特大学。

在与导师确定了专业之后，UVIC 的申请导师和我讨论了申请的细节，因为我在成绩上并没有优势，申请导师认为一份优秀的个人陈述（PS）是成功申请的关键，所以我提供了更丰富的素材（包括我的实习经历、个人爱好），并在初稿成形后多次讨论修改，最后一篇优秀的文书就"出炉"了。值得一提的是，因为帝国理工学院除了有基本的 PS 要求之外，还需要递交职业规划（Career plan）。虽然之前和导师已经交流过，但是只是局限于专业的选择，并没有职业规划相关的事宜，于是 UVIC 又帮我安排了一次与导师的面谈。

首先我问导师，与纯管理专业相比，工程和管理相结合的专业是否更有竞争力？导师告诉我，根据他现在从业的经验来讲，工程和管理相结合的专业更具有竞争力。因为技术才是根本，管理学只是一个工具。技术过硬就有说服力，同时也就能做好管理。如果不想深挖技术的话，学广泛意义的管理是一个不错的选择。

同时他给我举例分析了专业的就业方向，对于 Construction Economics and Management Msc 专业来说，就业方向就是乙方——施工单位。与土地测量师相反，这个专业毕业的学生，也就是工程测量师，大多数时间都在写字楼里工作，非常适合我。

于是，在 UVIC 英国教育签证中心申请导师的帮助下，综合了导师的职业规划建议，做出了 Career Plan 的文书，并且与其他材料一起递交给了学校。让我喜出望外的是，最终申请的 4 所大学都成功了！

其中有我最期待的 UCL（伦敦大学学院）的 MSc Construction Economics and Management（建筑经济与管理）和 MSc Environmental Systems Engineering（环境系统工程）、IC（帝国理工学院）的 MSc Environmental Engineering（环境工程）、Bristol（布里斯托大学）的 MSc Water & Environmental Management（水务与环境管理）专业。

第五节　英国博士申请

相对于美国和加拿大，英国博士研究生的一大优势就是学制短，一般需要 3 或 4 年完成。也有学生在更短的时间内完成的，主要看学生做的 PhD 项目或论文什么时候能够完成。英国的 PhD 学生绝大多数是没有授课的，整个读博期间纯搞研究。

按照博士的类型划分，英国的博士以 PhD（Doctor of Philosophy，哲学博士，也可作为博士统称）为主，其他还有一些冷门专业的博士学位，如 DBA（Doctor of Business Administration，工商管理博士）、EdD（Doctor of Education，教育博士）、DThM（Doctor of Theology and Ministry，神学博士）、DMus（Doctor of Music，音乐博士）等。下面简单介绍一下英国博士的申请。

申请方式

博士申请有两种方式：一种是套瓷申请；另一种是向学校的 Admission（招生办）直接递交申请。针对不同院校可以采用不同的申请方式。

如果采用直接向 Admission 递交申请的方式，其实与硕士研究生的申请几乎是一样的，都需要在目标学校的官网上填写网上申请表，学生要填写个人基本信息、联系信息、住址信息、学费信息、推荐人信息等。不同的是博士生的申请需要提交一份 Research Proposal（研究计划），这个 Research Proposal 与申请其他学位有很大不同，也是博士申请中最重要的一项。

如果采用套磁申请的话，就是提前联系导师，套瓷申请要有一份不错的 Research Proposal。首先，在目标学校的网站上，搜索自己想申请院系的 staff list（老师名单），通常会显示所有老师的名字、联系方式、研究领域和学术论文发表情况。整理出自己感兴趣的老师名单，给老师发邮件，并附上简历、研究兴趣等信息，套瓷信不要太长，这样会降低可读性。

最重要的是，学生需要对自己的博士研究题目和研究方法有个大概的 idea，尽量把它变成文字写下来，按照 Research Proposal 的格式整理出来。当老师对你的研究课题比较感兴趣的时候，就可以约导师面谈。见面会更方便老师了解你，也可以方便你当面确认一下和导师之间是否"来电"。

申请时间

关于申请时间，当然是越早越好。从你有意向在英国读博士起，就开始想自己在博士期间要研究和申请的专业及项目，并提前联系导师和进行网申。与硕士类似，大部分学校的网申通道在入学前一年左右就开放了。大部分博士生是在 9 月份入学，所以从前一年的 10 月左右就可以开始申请。想申请奖学金的，就要更早行动了，而且博士申请是一个漫长的周期，通常要经历 2～4 个月才能出结果。

申请材料

申请博士需要有如下几项材料，正如上文所说，博士申请比硕士申请多一个 Research proposal。那 Research proposal 需要写哪些内容呢？

Research proposal 一般需要 1000～3000 字，其内容大概包括 5 项：Research Title（研究题目）、Introduction（研究介绍，重要的是提出 Research Question）、Literature Review（文献综述）、Methodology（方法论）及 Reference（参考书目）。部分院校的网站上还会列出 Research Proposal 的 guidance（指南），帮助学生更好地撰写出符合学校要求的 Research Proposal。

博士申请材料如下：

- ❖ 毕业证、学位证（Degree Certificate）
- ❖ 大学成绩单（Transcript）
- ❖ 语言成绩证明（IELTLS、GMAT、GRE）
- ❖ 推荐信两份（RL）
- ❖ 个人陈述（PS）
- ❖ 个人简历（CV）
- ❖ 研究计划书 Research Proposal —— 研究式硕士
- ❖ 其他证明材料，如发表过的文章、研究成果等

材料准备好了，那么问题也来了，导师到底要不要你作为他的 PhD 学生呢？主要看以下两点：

（1）你的思维有没有深度

博士毕业论文都要求有创新点，要有理论上的贡献。所以首先需要搞清楚自己的研究意义和研究贡献在哪里，尤其是在学术理论上的贡献。中国学生普遍更擅长 empirical study（实证研究），也就是说，更擅长把握对实际社会的

贡献，比如如何帮助公司获得更多的实效。相比之下，不太擅长理论上的总结与升华。

（2）你的学术研究能力如何

你能否在 3 或 4 年的时间内顺利完成博士学业，最好还能发表论文？你的知识储备是否充足，理论基础够不够？你的研究方法如何？是否是解决该 research question（研究课题）的最适合的方法？比如定性还是定量，是半结构式访谈（semi-structured interview）还是非结构访谈（unstructured interview），以及选用的调查方法是否可行等。

除了以上两点外，有些想与博士生一起合作发表论文的导师比较在意，比如，你有某个数据库的使用权（access），你或者你的家人有人脉可以找到目标群体做调研，等等，这些都可以提高你们合作发表论文的效率。

申请流程

每个学校的博士申请流程不完全一样，但基本大同小异。可以分为以下几个步骤：

（1）联系导师

推荐有意向读博士的同学，越早联系越好。但这不等于是，大家一时兴起，毫无头绪地急着联系与导师见面。与导师见面的前提是，你已经对自己读博士要研究什么有一个大致的规划，并能拿出一份（哪怕是草稿的）Research Proposal，在见面时与导师一起讨论，看你是否符合导师的"胃口"。如果导师本身有科研项目，尤其是理工科比较常见，你也可以看看自己是否有能力加入这个项目组。

（2）正规网申

每个学校的官网上都有自己的网申通道，没有多少技术成分，也没有什么陷阱，大家放心网申就可以了。大部分学校的网申是免费的，少数学校需要收取 50～100 英镑的手续费。对于需要办理签证的国际学生，尽量提早申请。如果拖到最后，签证申请可能会来不及。

（3）学校回复

大概 4～8 周（每个学校的 Admission 效率不太一样）后，学校就会发送电子邮件通知你申请结果。如果你没有完全达到入学要求，学校会先给你颁发一个 conditional offer（条件录取通知书）。常见的条件是，在某某日期之前，硕士毕业论文成绩须达到多少分，或者雅思成绩达到多少分。等到满足了学校所有的条件，把最新的成绩证明发给学校，学校就会回信告诉你，你的 offer 已经转成了 unconditional offer（无条件录取通知书）。

（4）申请签证

待获得 unconditional offer 后，便可以申请博士期间在英的签证了。既可以在英国递签或面签，也可以在中国递签。在中国签的手续费更便宜一点，不过如果硕士是在英国读的，直接留在英国续签更方便一点，尤其是想迅速拿到签证需要面签的。

总之，PhD 申请是个比硕士申请更漫长、更困难的过程。不是每一个人都适合读 PhD，从人生规划的角度来讲，也不是说学历越高，成就就越大。如果你真的能沉下心去做研究，想要在某个学术领域做出点什么，那么就努力去拼搏吧。

第五章 / CHAPTER FIVE

获得 offer，出发去英国

伍

　　拿到心仪大学的 offer 后，就意味着留学之路拉开了序幕，但与此同时，也将面临一系列烦琐细碎的事情：办理签证、找住宿、准备带去英国的物品……本章将帮你理清这一系列事情。

　　第一节介绍不同的阶段使用不同类型的签证。第二节介绍如何简单、直接地在英国找到房源，避开种种深坑。第三节介绍行前准备的具体细则，尤其是很多学生关心的接机服务。

第一节　签证办理

本节主要介绍的是与留学相关的几类签证的申请流程，包括学生签证、学生访问签证、工作和实习签证、家属签证及英国签证。

学生签证

首先要介绍的，就是留学生们最关心的学生签证 Tier-4 Student Visa。

到英国就读的学生签证基本可以分成普通学生签证和儿童学生签证，这两类签证是根据学生的年龄划分的：4~17 岁的学生申请儿童学生签证；16 岁以上的学生申请普通学生签证。

看到这里，可能有人会很困惑，4~17 岁的人群中就包含了 16 岁和 17 岁的，那么这两类年龄的学生到底该申请哪类签证呢？

自 2015 年 8 月 3 日起，英国将不再对 16 和 17 周岁就读预科（ISC）的国际学生发放 Tier4 Child（儿童）签证，所有该年龄层的学生必须满足 Tier4 General（普通）学生签证的申请标准，并申请相应的 Tier4 General（普通）学生签证。所以目前这两类学生如果想申请预科（ISC）课程，则必须申请普通学生签证。

无论是普通学生签证，还是儿童学生签证，都要依据英国实行的计点积分制的签证制度。根据计点积分制，海外学生要申请在英国学习的签证需要 40 个积分。英国边境署认可的担保人签发的有效学校录取确认书（CAS）占 30 个积分，足够的资金证明占 10 个积分。这里的担保人是指学生将就读的英国学校，而不是经济资助人。

下面分别对普通学生签证和儿童学生签证，CAS 和资金要求进行介绍。

1. 普通学生签证

在英国就读学位课程的学生，基本上申请的都是普通学生签证。那么普通学生签证需要准备哪些材料，并且有哪些需要注意的事项呢？

（1）普通学生签证材料清单

❖ 完整的签证申请表。

❖ 学校出具的 CAS 签证函。

❖ 用于获取 CAS 的材料，一般包括学术及语言材料，如毕业证、学位证、毕业成绩单、雅思成绩单等，所有的证书或成绩单必须为原件。

❖ 当前有效的护照，以及旧护照（旧护照如丢失，则无须提供）。

❖ 肺结核检测报告（针对申请赴英国停留超过 6 个月的申请人）。

❖ 资金证明：存款证明+银行流水单/存单/存折。必须提供证明显示所需资金到签证申请日期已连续存满 28 天（第 28 天为最终余额日期），且最后一笔交易日期不能早于申请日期前一个月。需要注意的是，资金存期的第 28 天必须为在线申请当日或之前，而非签证申请中心预约日期。

❖ 如果资金存在申请人父母或者法定监护人名下，需要提交关系证明材料，比如户口本、出生证或独生子女证，以及允许使用资金的资金同意函证明。

❖ 如果申请人未满 18 周岁，除了提交关系证明材料，还必须提供父母双方或者法定监护人的同意函，支持申请人独立前往英国就读及生活，该同意函须由父母双方或法定监护人签字。

❖ ATAS Certificate（Academic Technology Approval Scheme，技术修读核准制度）：部分专业需提供，如果学校没有要求，则无需提供。

❖ 可以被独立核查的非英语材料的翻译件。译者必须在翻译件上确认：是对原始材料的正确翻译、翻译日期、译者的全名和签名、译者的联系信息等。

（2）CAS 是什么，怎么申请

根据英国边境署（UKBA）的规定，目前所有准备申请英国计点积分制第 4 阶段（Tier 4）签证的学生，必须提供一份由其担保方（即英国境内的教育机构）出具的学习录取确认函 CAS（Confirmation Acceptance of Studies）。

对于即将赴英国大学就读的留学生而言，CAS 即是英国大学的电子录取通知书，是英国大学发给海外学生的一个特别的电子参考号码。此电子参考号对应的课程信息具有唯一性，即一个 CAS 对应一门课程。

CAS 也是申请学生签证的必要材料之一，其内容包括申请者的个人信息、学习背景及英国大学的相关电子编码信息，签证官在获取 CAS 号码后可以联网查询申请者相关的信息资料。CAS 号码的有效期为 6 个月，每所英国学校发放 CAS 号码的数量有限，所以学校必须加强对学生申请的审理，确保拿到 CAS 的学生都是具有真实学习目的和足够学习能力的。

申请 CAS 的流程很简单，主要分为以下 5 个步骤：

（1）满足 offer 上的条件；

（2）将 offer 要求提供的材料扫描或快递给学校；

（3）学校收到材料确认后，发 Pre-CAS；

（4）申请人确认 Pre-CAS 信息无误；

（5）学校发放正式 CAS。

现在大多数学生拿到的都是有条件录取通知书（conditional offer），换取 CAS 的材料就是 offer 上要求的材料。比如录取函上要求学生毕业成绩平均达到 80 分以上，雅思成绩总分 7.0（单项 6.5 分），那么学生在毕业时拿到的学位证书和最终成绩单，以及达标的雅思成绩单，就是换取 CAS 需要递交给学校的材料。此外，在申请的时候没有递交护照的学生还需要提供护照首页扫描件，建议在递交申请材料的时候就先把护照办好，以防后面遗漏。

准备好换 CAS 的材料后，就要递交给学校了。大多数学校都接受扫描件，只要发邮件给学校或者通过学校的 online portal（在线入口）上传就可以了。但是也有一部分英国学校需要把学位证明和最终的成绩单原件快递给学校。但是因为学位证是孤本，不能寄给学校，再加上学位证和最终成绩单原件在申请签证时都需要用到，所以比较可行的方式是到教务处申请额外的成绩单和学位证明信，也可以作为可接受的材料快递给学校。

待学校收到学生的申请材料之后，会向学生发出一份 Pre-CAS，上面包含学生的姓名、生日、护照号码等个人信息，以及申请的专业、学校、满足的学术条件和语言条件等信息。学生拿到 Pre-CAS 后，一定要反复确认这些信息是否正确，比如姓和名的拼写、专业名称等，这将直接影响申请签证的速度和成功与否。一旦发现错误，一定要在第一时间联系学校更改。

在上述几步都做完之后，就可以与学校确认 CAS 内容正确无误，等待学校发放正式的 CAS。一般需要等待一到两周的时间，一定要尽早申请。因为 CAS 都是通过 email 或者学校的 portal 系统发放的，所以递交材料后要经常查看邮箱或 portal。

（3）怎么解读学生签证的资金要求

上面提到，无论是普通学生签证还是儿童学生签证，都要依据英国实行的计点积分制的签证制度。根据计点积分制，海外学生要申请在英国学习的签证需要 40 个积分。英国边境署认可的担保人签发的有效学校录取确认书（CAS）占 30 个积分，足够的资金证明占 10 个积分。因此除了 CAS 之外，还需要重点准备的材料就是资金证明。

资金证明主要包括两个部分：资金金额及存款时间，下面就这两个部分做详细解释。

首先，存多少钱才合适呢？用来申请学生签证的存款金额是需要 1 年学费加上 9 个月的生活费，笔者一般给学生的建议是：资金总额=1 年课程费用+9 个月生活费用+20 000～30 000 元（人民币）的浮动资金。

课程费用就是 CAS 上所要求的金额，如果说学生已经支付部分课程费用，则已经缴纳的部分可以从需要提供资金总额中扣除。而对于生活费，移民局是有一套标准的，自 2015 年 11 月 12 日起，Tier 4 学生签证所要求的生活费证明将有所提高，同时取消了"在英国满一年者、续签只需提交 2 个月生活费"的政策。

由于新政将 Essex（埃塞克斯）、Surrey（萨里）等这一类地区都纳入"大伦敦"范围，因此这些地区的生活费也按照伦敦内生活费计算。具体来说，生活费用标准提高为：伦敦外由 820 英镑/月提高为 1015 英镑/月，伦敦内由 1020 英镑/月提高为 1265 英镑/月。至于 20 000～30 000 元（人民币）的浮动资金，不属于硬性要求。

举个例子：中国学生韩梅梅申请到爱丁堡大学就读 MSc Accounting and Finance 的课程，该专业 2017 至 2018 年的学费为 26 400 英镑，那么签证担保金需要准备的金额一般建议为 35 535 英镑+20 000 元（人民币）。

其次就是钱要存多久的问题？官方要求必须提供证明显示所需资金到签证申请日期已连续存满 28 天（第 28 天为最终余额日期），且最终余额日期在签证费付费日期前 31 天以内。

该"资金至少要在账户上已经连续存满 28 天"，所谓连续存满，就是说资金不可以有中断的情况。有同学说，我今天转出去明天就转回来了，这样也是不行的，所以钱存好了就尽量不要再动。

难道说存资金的这个账户就不能动了？笔者上面介绍的是这笔资金不能动，不代表账户不能动，比如签证资金是 300 000 元，账户里实际上有 400 000 元，那可用的就是 100 000 元。

关于"最终余额日期在签证费付费日期前 31 天以内"。比如说，如果你是在 2016 年 12 月 1 日在线支付签证申请费，提交的银行存单、流水或存款证明必须显示持有资金（至少）28 天，并且流水单上显示最终余额日期在 2016 年 11 月 1 日至 11 月 31 日之间。

需要提醒的是，如果担保金不是存在学生个人名下，而是存在其父母名下，还需要提交关系证明材料，如户口本、出生证或独生子女证，以及允许使用资金的资金同意函证明。

2. 儿童学生签证

儿童学生签证和普通学生签证在材料准备上无太大区别，只需额外增加以下几项材料：

❖ 除了普通学生签证需要的所有材料外，如果申请人未满 18 周岁，必须提供父（母）或法定监护人的书面同意函，同意学生前往英国以及抵英接送安排。同意函还必须说明学生的父（母）或法定监护人同意自己在英国独立生活。

❖ 除了同意函，申请人还必须提交与同意函签字方，即与父（母）或法定监护人的关系证明，关系证明为户口本、出生证明或独生子女证。如果无法提供以上任何材料证明学生和父（母）或法定监护人的关系，可以提交由授权机构出具的 DNA 检测结果；如果学生是被领养的，则需要提供领养证。需要注意的是，英国签证及移民局不接受中国相关部门开具的公证书。

❖ 根据学生在英国的照顾安排，证明就读的学校将为自己提供住宿；父母或法定监护人的同意函中需要说明他们同意学校为学生提供的住宿安排。

访问签证

本节所讲的访问签证主要包括两类：学生访问签证（Student Visitor）和普通访问签证（General Visitor）。

1. 学生访问签证

学生访问签证适用于到英国就读短期课程的学生，包括英语语言课程、培训课程，或者为海外的学历课程开展短期研究或学习，比如学生冬夏令营等。该签证有两种类型：学习任何短期课程的学生可以申请 6 个月的学生访问签证；如果年满 18 周岁，打算学习英语语言课程，则可以申请 11 个月的学生访问签证。所以在申请签证之前，需要先确定申请哪一类。

在此类签证下，学生只被允许学习申请的短期课程，不可以在其他专业或学校进行学习，不能工作或从事商务活动。特别需要注意的是，不能在英国续签签证，课程结束后，如果需要就读其他课程，则必须回国重新办理签证。

学生访问签证的材料清单：

❖ 完整的签证申请表；

❖ 学校出具的 visa letter 或邀请函；

❖ 当前有效护照，以及旧护照（旧护照如丢失，则无须提供）；

❖ 肺结核检测报告（针对申请赴英停留超过 6 个月的申请人）；

❖ 资金证明：建议提供半年以上的流水单，显示有足够的资金支持在英国短期学习；

❖ 目前工作或学习的证明文件，如在职证明等；

❖ 其他辅助材料，比如房产或车产、婚姻状况等，建议提供一封解释信，阐述一下在英国进行短期学习的必要性，以及课程结束后无意在英国继续逗留。

举个例子：学生 A 是某公司的市场主管，计划到伦敦就读 65 天英语课程，学费为 2300 英镑，伦敦地区生活费是每个月 1265 英镑，那么 A 需要提供的资金应不少于（2300+1265）英镑×3（生活费按照 3 个月来算，而非 2 个月）。A 还需要提供她的工作情况及资金来源，包括工作证明、工资单、银行流水等。

此外，为了证明课程结束后会如期回国，A 还需要提供公司的准假证明，证明公司会为其停薪留职，让 A 能在完成课程后回到原来岗位继续工作。如果是辞职之后去就读短期课程，那么最好能出具证明或者解释清楚去读短期课程的原因以及课程结束后的打算，否则会容易让签证官怀疑出去读书的真实目的。

2. 普通访问签证

如果父母、亲戚或朋友想来英国看望正在读书或者工作的你，可以申请普通访问签证 General Visitor Visa。除了探亲之外，平时旅游也可以申请该类型的签证。

因为自 2016 年 1 月起，中国游客 6 个月多次入境访客签证将延长为全新的 2 年多次入境访客签证，并且签证费保持不变，所以现在办理普通访问签证是个比较不错的时机。可以提前 3 个月开始申请，大部分申请会在 15 个工作日内完成。

普通访问签证的材料清单：

❖ 完整的签证申请表；

❖ 有效护照或旅行证件；

❖ 已经做安排的证明，如旅游细节等。如果是受邀来英国，需要提供邀请函原件，邀请人的在职或学习证明等材料；

❖ 目前工作（或学习）的证明，如雇主的信/工资条/纳税申报单/商业登记文件/商业银行账户明细，或者在读证明（如适用）；

❖ 资金：申请表上列出的月收入证明，如银行对账单/存折/银行信/余额证明/纳税申报单，以及申请表中提到的支付旅行费用的能力证明，如支付行程人的银行对账单；

❖ 其他材料：婚姻状态证明，如结婚证/民事伴侣关系证明/离婚证明/死亡证明，旅行时自己在本国的家庭成员证明等。

工作和实习签证

1. 工作签证

大部分来到英国求学的中国留学生，都希望能在毕业后积累一些工作经验再回国。选择去英国留学之前，英国的签证制度变化或多或少会影响到家长或者学生的选择。

比如 2016 年 7 月，英国内政部发布了一项针对国际学生 Tier 4 签证的新政策：以剑桥大学、牛津大学、巴斯大学、帝国理工 4 个学校为试点，简化国际学生研究生签证申请签证流程，延长国际学生研究生课程签证时长。这是英国内政部自 2012 年 4 月取消 PSW 工作签证以来，首次放宽国际学生在课程毕业后的留英时间。

在这里主要分析两类签证：Tier 1 —— 主要针对创业及移民申请人；Tier 2 —— 主要针对找到担保公司工作的申请人。这两大类又分了不同的类型，下面列举的是大部分中国留学生可能会申请到的签证，里面提及的申请材料需要根据自身情况具体问题具体对待，不能一概而论。

（1）Tier 1（Entrepreneur） visa

Tier 1（Entrepreneur） visa 签证的申请者，需要有在英国创业的打算，并且是来自 EEA（European Economic Area，欧洲经济区）和瑞士之外的国家。最早可以从到英国的前 3 个月开始申请，3 周内可获知结果。

申请条件：

（1）至少要有 50 000 英镑的投资资金；

（2）需要符合英语语言要求（雅思听说读写达到 B1 等级及以上，或者拥有 UK NARIC 认可的英语授课的学历证书，该证书等同于英国本科学位及以上）；

（3）要有足够的资金支持自己在英国期间的生活；

（4）积分达到 95 分；

（5）年龄在 16 岁或以上。

Tier 1（Entrepreneur） visa 申请材料如下：

❖ 完整的签证申请表；

❖ 有效护照；

❖ 至少 50 000 英镑投资资金的证明；

❖ 商业计划书（business plan）；

❖ 支持自己在英国期间生活的资金证明；

❖ 达到语言要求的证明；

❖ 肺结核证明；

❖ 在过去 10 年间居住超过 12 个月及以上的国家出具的无犯罪记录证明；

❖ 其他材料，如家庭关系证明、财产证明等，具体取决于自身情况。

以上非英文材料需配有有效翻译件。

（2）Tier 1（Exceptional Talent） visa

Tier 1（Exceptional Talent） visa 适合在科学、人文、工程、医学、电子科技、艺术领域的人才，申请者需来自 European Economic Area（EEA）和瑞士之外的国家。申请过程有两个阶段：第一阶段需要向 Home Office 申请自己的人才认证（认证是该领域的 leader 或是 an emerging leader）；第二阶段是正式开始申请。这个签证种类的申请人数有一定的限制，只有 500 人，每年 4 月 6 日和 10 月 1 日开放申请。

申请条件：

（1）需要在科学、工程、人文、医学、电子科技、艺术等领域有杰出表现；

（2）得到相关权威机构的认可。

Tier 1（Exceptional Talent） visa 申请材料如下：

❖ 完整的签证申请表；

❖ 有效护照；

❖ 在过去 10 年间居住超过 12 个月及以上的国家出具的无犯罪记录证明；

❖ 肺结核证明；

❖ 其他材料，如家庭关系证明、财产证明等，具体取决自身的情况。

以上非英文材料需配有有效翻译件。

（3）Tier 1（Investor）visa

这个签证是最快捷的，但花费也是最高的，投资金额为 2 000 000 英镑及以上。在去英国前 3 个月就可以开始申请，提交申请后，3 周之内就可以获知结果。

申请条件：

（1）至少有 2 000 000 英镑投资资金；

（2）年龄在 18 岁或以上；

（3）能证明这笔资金来自自己或丈夫/妻子；

（4）有英国银行账户。

Tier 1（Investor） visa 申请材料如下：

❖　完整的签证申请表；

❖　有效护照；

❖　在过去 10 年间居住超过 12 个月及以上的国家出具的无犯罪记录证明；

❖　肺结核证明；

❖　用以投资的资金证明，资金需符合条件；

❖　其他材料，如家庭关系证明、财产证明等，具体取决于自身的情况。

以上非英文材料需配有有效翻译件。

（4）Tier 2（General） visa

这个签证就是大部分人称的"工签"，找到工作，公司做担保，在英国工作 5 年后，就可以申请永居。需提前查清楚公司是否有资质，因为不是所有公司都有资质担保这个签证。

申请条件：

（1）担保公司相关资质证书的 reference number（参考号码）；

（2）符合工签标准的薪水；

（3）达到一定的英语语言要求；

（4）账户里要有存满 90 天的金额至少为 945 英镑的存款（如果担保者是 A-rated（A 级），那就不需要）。

Tier 2（General）visa 申请材料如下：

❖　完整的签证申请表；

❖ 有效护照；

❖ 担保公司的相关资质证书；

❖ 银行证明，显示在过去 90 天内，流水单余额连续保持在 945 英镑以上；

❖ 英语水平证明（雅思听说读写达到 B1 等级及以上，或者拥有 UK NARIC 认可的英语授课的学历证书，该证书等同于英国本科学位及以上）；

❖ 肺结核证明；

❖ 其他材料，如家庭关系证明、财产证明等，具体取决于自身的情况。

以上非英文材料需配有有效翻译件。

除了上述签证类型，还可以在英国政府官网查看全部工签信息。如果想在英国找工作，可主要留意 Tier 2（General）签证，只有找到愿意担保自己签证的公司，才可以申请这个签证，其他签证都是需要付费或投入资金的。如果想选择工签证留在英国，笔者在第 8 章有具体阐述，如果想选择移民签证，在第 9 章进行了详细讲述。

2. 实习签证

与多数中国留学生有关系的是 Tier 5（Temporary Worker – Government Authorised Exchange） visa（政府授权交流计划，简称 GAE），International Student Internship Scheme（下方简称 ISIS）国际学生实习计划就是 GAE 中的项目之一。

（1）什么是 ISIS 国际学生实习计划

ISIS 国际学生实习计划，是在英国商业、创新和技能部，以及英国贸易投资总署的支持下成立，获得英国内政部和英国移民署的批准。通过 ISIS 申请的签证被称为 Tier 5 英国实习签证。

2014 年 4 月 1 日最新的英国移民法草案中通过了关于中国学生毕业后在英实习的最新细则，新增 ISIS 国际学生实习计划。使中国毕业生获得短期在英国实习的机会（最长不能超过 12 个月），对于中国毕业生是一个非常好的消息。

该计划针对的对象包括：

❖ 获得英国大学学位的中国学生，可在英国境内从 Tier 4 转 Tier 5，也可回国申请；

❖ 中国 211/985 大学的毕业生，也有机会通过 Tier 5 签证来英国实习，积累工作经验；

❖ 其他海外名校毕业生，如美国、澳洲、加拿大等名校学生。

除了 ISIS 国际学生实习计划，另外新加入的类别：专门针对汉办（汉语国际推广领导小组办公室）的汉语教师及志愿者的项目也被单独列出，给予最长 24 个月的签证，以确保汉语教师及汉语教学志愿者在英国推广汉语文化，加强中英两国的文化交流。

申请条件：

（1）担保公司的相关资质证书 reference number（参考号码）；

（2）账户里要有存满 90 天的金额，至少有 945 英镑的存款（如果资助者是 A 级担保方，那就不需要）。

申请材料如下：

❖ 完整的签证申请表；

❖ 有效护照；

❖ 担保方提供的有效担保证书；

❖ 如果有 A 级担保方，他们可以证明自己以第 5 层级（临时雇员）身份在英国居住期间不会使用公共基金；如果 A 级担保方不能提供上述证明，则需要提供文件证明在递交申请之前的 90 天内，账户余额在任何时段均不低于 945 英镑；

❖ 英语水平证明（雅思听说读写达到 B1 等级及以上，或者拥有 UK NARIC 认可的英语授课的学历证书，该证书等同于英国本科学位及以上）；

❖ 肺结核证明；

❖ 其他材料，如家庭关系证明、财产证明等，具体取决于自身的情况。

以上非英文材料需配有有效翻译件。

ISIS 国际学生实习计划中提到的 Tier5 签证无法直接在英国境内转换成工作签证或其他签证类别。在目前为中国学生直接办理 Tier2 工作签证难度较大的情况下，此签证类别将增加中国学生毕业后在英国获得实习机会的机率。如果能借此机会进入英国公司的工作领域，对于增加毕业生的就业能力及后续获得工作签证会有很大帮助。

家属签证

根据英国的法律规定，主申请人在英国读书或工作期间，其配偶和未满18 岁的子女也可以来英国陪伴。家属申请的签证类型是 Dependent Visa（附属签证），签证时长和主申请人一样，且可以享受部分在英国的福利制度，包括医疗福利、工作、读书等。

1. Tier 4 学生的家属签证

办理家属签证的条件有：主申请人在英国读书，且持有的是 Tier 4 普通学生签证；主申请人就读的课程是硕士及以上级别，且课程长度为 12 个月及以上。满足以上条件后家属才可以办理 Tier 4 Dependent Visa。

申请材料如下：

❖ 完整的签证申请表；

❖ 主申请人提供英国学校的在读证明、银行流水账单、邀请信、租房合同、学费支付回执、护照首页和签字页复印件、警察局注册证明复印件、BRP卡的正反面复印件，以及 CAS letter 等材料；

❖　家属在中国准备的材料包括本人护照、存款证明流水单、结婚证、房产证、若干张合照、两人的户口本、银行流水账单、肺结核体检证明等。

以上非英文材料需配有有效翻译件。

2. Tier 2 工作的家属签证

办理家属签证的条件是：主申请人在英国工作，且持有的是 Tier 2 工作签证。满足条件后家属可以办理 Tier 2 Dependent Visa。

申请材料如下：

❖　完整的签证申请表；
❖　主申请人在英国的工作及资金证明、银行流水账单、邀请信、租房合同、护照首页和签字页复印件、警察局注册证明复印件等材料；
❖　家属在中国准备的材料包括本人护照、存款证明、结婚证、房产证、若干张合照、两人的户口本、银行流水账单、肺结核体检证明等。

以上非英文材料需配有有效翻译件。

签证申请流程

第一步，在线申请。

访问英国签证及移民局网站并通过 Access UK 在线申请签证。支付医疗附加费（如适用）和签证申请费。完成在线申请流程后，就会收到一封包含有申请号码（GWF 参考号码）的电子邮件。完成在线申请后，需要打印申请表并签名。

第二步，预约递交签证。

要完成签证申请，必须预约并且前往在中国的英国签证中心。所有申请人必须提前预约。如果不想预约，签证中心可以提供免预约服务，此服务适用于不愿意预约和突然出行无法预约的申请人，也适用于已经预约但错过预约时间的申请人。申请人选择此服务不会优先于正常预约的申请人。免预约服务仅限周一至周五 8:00～15:00 之间，节假日除外。免预约服务适用于中国境内的所有中心，费用为 300 元人民币。申请人选择此服务需当天提交签证申请。

第三步，递签当天前往签证中心。

准备好预约单及所有的签证申请材料，在预约申请当天，提前 15 分钟到达签证中心。到达签证中心后会得到一张叫号单，耐心等待叫号并递交申请。保存好签证中心工作人员开具的收据，作为将来领取资料的凭证①。

第四步，生物信息采集。

在签证中心录取指纹和拍照（生物信息采集），包括数字指纹扫描（10个手指头）和数码照相。指纹扫描使用的是电子扫描仪，无需墨水、液体及化学物质。须确保手指上没有任何形式的装饰、刀伤、磨损或其他印记，因为这些都会影响提供有效指纹的可行性。数码照片必须包含整个面部，除去墨镜和任何彩色镜片，除宗教和医疗用途外头部不可有任何遮挡物。面部必须清晰可见，没有头发遮住眼睛。

第五步，选择领取材料的方式。

可以选择去签证中心领取或选用 EMS 快递邮寄。如果需要邮寄，签证中心会额外收取快递费用。

第六步，等待签证结果。

如果签证被拒，如何行政复议或二次递签

收到签证拒信后，首先要考虑的是，为什么被拒？

仔细阅读拒信，里面有详细被拒的原因，如果是因为普通的 CAS 信息错误，担保金时间不够等被拒，那就尽快修正这些问题，着手第二次递签，这种情况下第二次签证通过率非常高。

---

① 因为一旦在签证中心递交申请之后将无法再次补充材料，所以要将所有的材料准备并核对好，不要有遗漏。

但是如果涉及假材料，第二次递签通过会非常难，因为签证官会认为你的诚信有问题。而且被签证官认为作假递交假材料，还有可能会给你发 10 年的拒签信，这样的话，以后想去英国都很难了。

此外，还有不少拒信，签证官没有确认假材料，只是通过调查后怀疑有假，这种情况下重新递签并通过的概率也是较高的，你可以用材料及解释信去解释上一次的情况，打消签证官的怀疑。

签证时间一定要合理安排好，尽量提前，不要拖延。如果第一次被拒了，还能有时间考虑和准备重新递交签证，如果时间太晚，很有可能错过开课日期耽误入学。所以在确认好学校之后，一定要提前准备签证担保金，以便能尽早递交签证申请。

除了上述情况，还有一部分学生非常惋惜，拒信上写的被拒原因完全是因为签证官看错或理解错材料。这种情况下，可以选择行政复议或重新递交申请。但是选择行政复议的时候要慎重，先确认清楚是否有足够的时间，根据以往的经验，行政复议会花很久的时间，因此如果没有足够时间等的话，还是建议赶紧准备重新递交签证。

签证服务选择

普通签证审核的时间是 15 个工作日，周末及公共假日不计入工作日范围之内。如果想尽快取得签证，可以选择下列增值服务来加快签证办理的进度。

（1）英速签服务

❖ 在中国的客户（除定居，英联邦、海外领地申请外）均可以享受英速签服务。

❖ 选择该服务的申请人需要亲自到签证申请中心并缴纳签证费之外的加急费用人民币 1711 元（加急费时有调整）。签证申请的审核时间将从标准审核程序的 15 个工作日（3 周）缩减到 3~5 个工作日。

❖ 不建议任何有过违反移民签证记录的申请人使用该服务。签证申请递交了
之后无法再选择英速签服务，所以要在递交签证之前申请该服务，使用这
项服务并不表示，也不保证申请人肯定会获得签证，所有申请人必须符合
英国移民条例。对于审核时间超过 3~5 个工作日的个别申请，或者被拒签
的申请，英速签服务费用及签证费不予退还。

（2）超级优先签证服务

从 2014 年 8 月 11 日开始，在中国递交英国签证的申请人满足以下条件并
支付签证费以外的 8547 元（加急费时有调整），即可享受超级优先签证服务。

❖ 普通访客。该类别合并了现有的 11 个访问类签证，包括普通访问者和儿童
访问者（不包括 ADS 旅行团和夏/冬令营团队）;

❖ （计点积分制）第二层级普通类和公司内部调动类签证，以及第二层级家
属与主申请人同时申请或主申请人获得签证之后申请；

❖ （计点积分制）第四层级普通学生（适用于 18 岁或 18 岁以上的申请人）;

❖ （计点积分制）第五层级运动员和演艺人员，以及第五层级家属与主申请
人同时申请或主申请人获得签证之后申请。

超级优先签证服务的申请人需要在早上 11 点之前亲自向三个有资格的签证
申请中心递交，包括北京、广州和上海。选择超级优先签证服务，申请会被最
快处理，在大部分情况下，签证会在签证申请递交后的 24 个小时内做出。这项
服务只会在周一到周五正常工作时间内运行。但是这项服务并不保证签证申请
一定能通过。所有签证申请会根据个人实际情况结合英国移民法规做出决定。

如果对签证材料或流程不明确，可以选择学无国界的签证留学服务
（http://www.myoffer.cn/），该服务拥有高达 99% 的签证通过率。资深的签证
导师不仅会在材料、流程、时间节点给予指导和提醒，还会安排面签培训，模
拟使馆调查，并就进度进行实时反馈。

第二节　找住宿

在确认好入读学校后，住宿就开始成为首要考虑的问题之一了。

住宿主要分为三类：学校住宿、寄宿家庭和校外住宿。学校住宿的优势就是家长比较放心，对国际学生的申请一般优先保障；寄宿家庭的优势是能让学生更好地融入当地居民的生活环境；而选择校外住宿的学生一般是在海外有一定生活经验，或者已经想和自己的小伙伴一起居住。学生可以根据自己的需求来做选择。

学校住宿

通常第一次去英国就读的学生会选择学校住宿，毕竟人生地不熟，对当地租房也不了解。那么英国的学校住宿怎么样呢？

可以把住宿分成两个类型：一个是 catered；另一个是 self-catered。

catered 是指学校会提供早晚两餐的住宿类型，能吃惯当地食物的同学可以考虑；self-catered 是需要自己做饭的住宿类型，想锻炼厨艺的同学可以考虑。

此外，不同于国内大学几个人一间卧室的模式，英国的学校住宿都是每个人一间卧室，区别在于是否自带卫浴或厨房。

根据共用空间不同，又可以将英国的学校住宿分成三类：

❖ Standard（普通房）：要和一层其他房间的小伙伴共用卫生间和厨房；

❖ Ensuite（标准房）：自己的房间内有卫生间和浴室，但是和其他小伙伴共用厨房；

❖ Studio（套房）：不言而喻，就是一整套都有，自带卫生间、浴室及厨房，不用和其他小伙伴共用。

（1）费用

学校的住宿价格一般是每周 80 英镑～200 英镑。住宿类型和地点决定了住宿的费用，上述三种住宿类型中，studio 最贵，standard 最便宜，从地理位置来说，伦敦绝对是最贵的，市中心一般也贵于郊区。

（2）申请

学校住宿可以直接通过学校官网申请。在申请之前，先查找好住宿的相关信息，包括类型、距离学校远近、价格等。在官网申请的时候，大部分学校会让学生填写几个具体住宿，并按照优先顺序来排。学校会在分配住宿的时候，根据先到先得，以及学生的选择顺序来分配住宿。

中国留学生中，选择 Ensuite 类型的学生偏多，毕竟有个独立的卫浴还是方便很多；做饭的话，就独乐乐不如众乐乐，厨房也是培养感情的好地方。

一般来说，学校不会让来自同一个国家的学生承包住宿楼的整层，所以如果住在校内的话，可以认识很多不同国家的小伙伴，不定期地参加各种类型的聚会。此外，从住宿楼到教学楼通常都比较方便，前提是要弄清楚自己上课的校区。还有一点就是，住在学校，基本都是拎包入住了，不用再购置家具等，有任何东西需要维修都可以直接向学校汇报。

当然，有利也就有弊。对于一些喜欢安静、独处的同学来说，party 就显得很闹腾了。而且要与其他人共用卫生间和厨房，还需要提前协调好使用时间，这一点相对来说也会不方便，特别是当自己要使用厨房的时候，发现之前的小伙伴把厨房弄得乱七八糟，那个时候你做饭的心情估计就会变差不少。

校外租房

很多在英国生活过的同学会选择自己出来租房子住，要么是想和自己关系不错的小伙伴一起，要么就是想控制预算或者换个居住环境。那么在校外租房，住宿情况怎么样呢？

校外的租房可以有多种选择，下面详述两类：Flat 和 House。

❖ Flat（公寓）：类似于国内的房子一样，通常是有几间卧室，共用厨房和活动区域，有的卧室自带卫浴，有的则需要与人共用卫浴。

❖ House（别墅）：在英国租的 House 都是小别墅或连体别墅，排屋的形式。一个 House 里面通常有几间卧室，可以与几个小伙伴一起租。

校外租房，可以从地理位置、价格、房屋状况等做综合考量，选择自己喜欢的房子，作息及活动时间相对于宿舍也更为灵活。此外，还可以选择与自己比较熟悉的朋友一起居住，生活起来也比较便利。

但是租房的过程就没那么安逸了，要考虑很多细枝末节的事情，还要担心上当受骗，以及遇到一些比较难缠的房东与"坑爹"中介。人在海外求学，被烦心事缠上了谁都不舒服。

（1）费用

价格取决于地理位置、房屋条件等。一般校外租房包括押金、房租、水费、电费、网费、气费、家具费、中介费等，其中需要确认的就是水、电、网、气费是否需要额外支付，还是已经包括在房租中了。

此外，英国房屋还有一项 Council tax，翻译名称不一，暂称为市政费。但是这一项英国留学生是可以申请免除的，具体做法是从所在的大学获得学生证明，寄给当地区政府 Council Tax 部门就可以了。

（2）如何找到安心的房源

51room 留学生公寓网（https://www.51room.com）是一个相对良心的选择，网站在 2013 年整合了英国学生公寓资源，提供海外公寓的在线查询、咨询、预订等服务。2014 年运营至今，已成为留英学生租房的一大选择。针对海外租房"水很深"的问题，网站提供的房源均为正规房地产商房源，房价和房屋状况在网站公开透明展示。

寄宿家庭

寄宿家庭是指住在当地人的家里，不少寄宿家庭是可以包早、晚餐的。通常年纪较小的学生会选择寄宿家庭的方式。

寄宿家庭的住宿方式能让学生更好地融入当地居民的生活环境，通过日常交流，能够学习到当地人的说话方式和语气，一般能更快地提高语言水平。当你可以和寄宿家庭开始探讨关于两国政治、生活、文化等事情的时候，就已经很大程度上适应当地的环境了。

不过相对于其他住宿类型来说，寄宿家庭的管理会更加严格。通常会规定学生最晚几点之前回家，并且要尊重家庭不同人的生活习惯，一般不能太随心所欲。所以如果是比较喜欢在晚上出去游玩的学生，那就要慎重考虑了。

（1）费用

寄宿家庭的费用取决于选择的家庭是否包餐，或者可以自己做饭等。

（2）申请

打算申请寄宿家庭的学生，建议先联系一下学校，询问是否有合作的寄宿家庭可以申请。如果学校没有合作，那么可以到一些专门提供寄宿家庭服务的网站进行申请。找到合适的寄宿家庭后，有必要先发一份邮件进行一些基本的沟通。

第三节　行前准备

看到这一节的同学，首先要恭喜你已经顺利完成了前面的繁复流程，从现在开始，收拾好心情和行装，准备出发吧。本节将会就整理行囊、机票预订/安排接机/查询到校路线、出国体检这三个部分分别来做阐述，希望对将去英国留学的同学有所帮助。

整理行囊（包括需要携带的入境文件等）

我们平时出国短期旅行，都有可能带上满满一箱子的物件，更何况是出国留学，通常短则一年，长则几年，所以要带的物件会更多一些。常常有同学出行之前询问，去英国留学需要带什么物品。这里，笔者给大家列出了首次出国需要携带的物品清单，不用一个个对照着准备，如果觉得不适合自己，适当忽略掉就好。

（1）出关、入境时需携带的文件

❖ 赴英机票；

❖ 护照以及护照首页和签证页面的复印件；

❖ 英镑零钱（几百英镑）；

❖ 学校缴费证明（包括住宿、押金、学费等），可以是汇票原件、电汇底单等；

❖ 录取通知书及 CAS 签证函（各打印两份）；

❖ 学历证明、成绩单、雅思成绩单（原件和复印件均需）；

❖ 体检证明，即《国际旅行健康证明书》（入境时可能会抽查）；

❖ 护照式照片（蓝白底各 20 张）；

❖ 学校或接机人紧急联系方式（以防有任何紧急问题需联系学校）。

（2）衣物（无需太多，去了可以再买）

❖ 羽绒服，大衣 1 或 2 件；

❖ 防水并戴帽子的风衣 1 件或雨衣 1 件；

❖ 保暖内衣 1 或 2 套；

❖ 厚实的外裤 1 条；

❖ 袜子，内衣裤若干；

❖ 薄毛衣/羊绒衫 2 或 3 件（春秋季节的外罩衣服 2 套）；

❖ 运动服 1 或 2 套（根据自己的习惯而定，特别是喜欢运动的同学）；

❖ 睡衣 1 或 2 套；

❖ 短袖/T 恤衫几件；

❖ 鞋：皮鞋、凉鞋、运动鞋（最好防水）各 1 或 2 双；

❖ 正式的西装/套装/小礼服 1 套（一些正式场合可能会用到）。

（3）电器

❖ 笔记本电脑；

❖ 转换插头（一般大城市的电脑城中有卖，至少 2～3 个）；

❖ 2m～3m 长的网线 1 根（买之前要试用一下）；

❖ 充电宝 1 个；

❖ 录音笔（可以记录老师的讲课内容）；

❖ 照相机/摄像机（别让自己后悔没有记录下欧洲美丽的景色）；

❖ 手表和电池（平时和考试都会用到）。

（4）学习用品

❖ 眼镜（可以多备一副）；

❖ 隐形眼镜及药水（在英国买隐形眼镜需要出示验光单）；

❖ 各类文具，包括计算器（文科生不用带）、签字笔若干；

❖ 字典（很多时候考试可以携带纸质字典）；

❖ 双肩书包（上课和旅行都会用到）。

（5）生活用品

❖ 牙膏、牙刷、梳子及旅行必备洗漱用品；

❖ 毛巾、浴巾、拖鞋；

❖ 雨伞；

❖ 针线盒（会女工的学生可以带上）；

❖ 皮筋若干（女生）；

❖ 指甲剪 1 套；

❖ 护肤品、化妆品各 1 套（带最基本的就可以，到了英国可以买）；

❖ 床单、被套、枕套（可以不带，去了再买，视行李重量而定）；

❖ 常用药品，包括感冒药、退烧药、消炎药、下火药、胃药、止泻药；外用药，如眼药水、创可贴、西瓜霜、皮炎平等。

（6）厨房用品

❖ 简易餐具，比如筷子、勺子各 1 套;
❖ 电饭煲 1 个（带小号最轻便的电饭煲，如果行李太多，可以在英国买二手）;
❖ 中国调料（适合自己口味）;
❖ 其他厨房用品（可以自选，比如菜刀等）。

以上就是出国留学携带的物品清单，学生可以根据自己的需要选带，建议尽量简单和轻便，很多东西可以到了英国之后再买。

一定要提前确认好航空公司的行李重量规定，有需要转机的学生，要确认好前后两个航班的行李重量是否不同，毕竟超重的费用也是不菲的。

机票预订/安排接机/查询到校路线

（1）机票预订

在订机票之前，最好先上学校官网查询，或者发邮件向学校询问，是否有接机及接机日期，再根据学校的接机时间来定机票。机票预订的原则是不要一直拖，临近出发再订机票肯定是特别贵的，而且很有可能无法买到经济舱的票，甚至是没有票了，所以有纠结症和拖延症的学生不要太晚预订机票。

预订机票的方式有：直接联系航空公司；在机票代理处或旅行社预订。一般很少直接问航空公司，当然，如果是某航空公司的 VIP 或者要累计行程还是可以的。

找机票代理或旅行社，一般比较省心，告诉他们你出行的日期和地点，他们会帮你比对机票价格，告诉你最优选择，但是要记得多问、多看、货比三家。也可以自己通过对比各类网站的机票价格来预订。

中国航空公司开通飞往英国航线的主要有国航、南方航空、东方航空；英国航空公司主要有维珍航空、英国航空；其他航空公司多数基本需要转机，比如阿联酋航空需要在迪拜转机，荷兰航空需要在阿姆斯特丹转机等，转机机票一般会比直飞便宜一些。

（2）安排接机/查询到校路线

很多学校会在开学季设置几个免费接机日，如果没能在这几个日子到达，就需要学生自己安排去学校。如果联系了学校接机，需要把到达机场的时间和航班号发送给学校，有些学校是需要你填写接机预订表格的，提交表格之后会有邮件确认你的接机事宜。切记要确认好接机大巴所在的地点，保存好接机联系方式和学校的紧急联系方式。

当然，在英国有朋友的话，可以麻烦朋友来接机；也可以选择一些校外的接机公司，最好是有人用过给推荐的；还可以提前查好路线，搭乘各类交通工具。

以伦敦希思罗国际机场为例，通常的交通工具有：

❖ 地铁：选择皮卡迪利大街方向的地铁，由机场至市中心行程约为 50～55 分钟，可到达伦敦市的第一区至第六区。

❖ 巴士：行李较多的同学可以选择 National Express，虽然花费时间较长，但是坐巴士拿行李会省力许多。如果还要前往其他城市，可以查看相关路线的巴士运行时间，也可以提前预定巴士车票。

❖ 出租车：英国出租车的车费比较昂贵，航站楼外会有正规的出租车运营，要拒绝航站楼内的黑车服务。

❖ 列车：机场高速列车或普通列车可到达伦敦帕丁顿，可以去机场询问台查询坐车地点。

❖ 火车：去往其他城市的学生可以提前查询火车的运行时间，根据自己的到达时间选择适合的火车，预订车票。

出国体检

根据《中华人民共和国国境卫生检疫法实施细则》 第一百零二条：凡申请出境居住 1 年以上的中国籍人员，必须持有卫生检疫机关签发的健康证明。中国公民出境、入境管理机关凭卫生检疫机关签发的健康证明办理出境手续。

因此，在出国前记得办理出国体检。针对去英国留学生的来说，需要办理的证书有两种，分别是红色的《国际旅行健康检查证明书》和黄色的《国际预防接种证书》。《国际旅行健康检查证明书》在入境过关的时候是会被抽查的，如果被抽查到没有健康证明，会被带进"小黑屋"里进行检查，没有问题的话才能顺利入境，而《国际预防接种证书》，如果学校没有明文要求，一般可以不做。

另外，从 2013 年 12 月 31 日开始，中国居民打算申请赴英国停留超过 6 个月（11 岁以下儿童不需要），必须在指定的检验机构进行肺结核检测并确保未感染肺结核（Tuberculosis），方可申请签证。如果你是回国续签英国签证，并且没在国内待满 6 个月的话，那么是不需要提供肺结核证明的。

与上面的健康检查不一样的是，在签证之前就需要完成肺结核检查。因为肺结核检查是要在申请签证的时候同时递交上去，所以需要提前做。需要注意的是，肺结核检查不是随便一家医院检查一下就可以了，必须在英国 Home Office 指定的机构检查才能被认证，记得去检查之前提前打电话或发邮件预约。

下面附上英国签证和移民署指定的在华肺结核检测机构信息，见表 5-1。

表 5-1　A full list of Home Office approved tuberculosis testing clinics in China.
（英国内政部指定的在华肺结核检测机构）

城　　市	检测机构	地　　址	电　话
Beijing （北京）	Raffles Medical	Suite 105 Wing 1 Kunsha Building No. 16 Xinyuanli Chaoyang District 100027 北京市朝阳区新源里 16 号昆莎中心 1 座 105，邮编：100027	010-6462 0303 x 5328, 6410, 5825
	Beijing New World Eaton Medical Center 北京新世界耀东诊所	Level 5 Beijing New World Shopping Mall No.3 Chongwenmenwai Street Dongcheng District 北京市崇文门外大街 3 号新世界中心商场 5 层	010-67085077, 67085075
	Hong Kong International Medical Clinic　北京香港国际医务诊所	Beijing of 8F Office Tower SwissÔtel-Hong Kong Macau Center 2 Chaoyangmen Beidajie 100027 北京市朝阳门北大街港澳中心瑞士酒店 8 层，邮编：100027	010-65539752
Chengdu （成都）	Reliant Medical Services Ltd Operating at Chengdu IME Centre Chengdu Western Hospital　成都西区医院健康管理中心	6th Floor No.2 3rd Section of Erhuan Road Chengdu Sichuan 610036 四川省成都市二环路三段 2 号 6 层，邮编：610036	028-8757 5985

（续表）

城　市	检测机构	地　址	电　话
Chongqing（重庆）	Healthmate International Clinic　健康之友国际诊所	2/F No. 1 building of Jiangbei Zui Li fan Center Jiangbei District Chongqing 重庆市江北区江北嘴力帆中心一号楼	023-61255215, 61971713
Fuzhou（福州）	Immigration Medical Centre-Fujian Provincial Hospital（South Branch）福建省立医院南院	516 Jinrong South Road Fuzhou Fujian 350001 福建省立医院南院，福州市仓山区金榕南路 516 号，邮编：350001	86-591-886196 01, 88619602
Guangzhou（广州）	New Omega Medical Center　新奥美嘉医疗中心	9/F Tower A Center Plaza East Railway Station Linhexi Lu Tianhe District 510620 广州市天河区林河西路火车东站中泰国际广场 A 塔 9 层 邮编：510620	020-28861900, 28861999, 28861950
	Guangzhou IME Centre – Guangzhou Zhujiang Hospital　广州珠江医院出国移民体检中心	3/F Yiqiao Building Guangzhou Zhujiang Hospital No. 253 Gongye Street 510280 广州市工业大道中 253 号珠江医院 3 层，邮编：510280	020-8434 3711
	Guangdong International Travel Healthcare Center（GDITHC）　广东国际旅行卫生保健中心	No.59 Huali Road 6th Floor Eastern Tower of the Poly Building Zhujiang New City 510623 广州市天河区珠江新城华利路 59 号保利大厦东塔 6 层 邮编：510623	020-38288738

（续表）

城　　市	检测机构	地　　址	电　　话
Hangzhou （杭州）	Hangzhou Clinic Zheijiang Hospital　浙江医院	No. 12 Lingyin Road Hangzhou, Zhejiang 310013 杭州市灵隐路 12 号浙江医院 邮编：310013	0571-8602 8780
Harbin （哈尔滨）	Harbin IME Centre　黑龙江省国际旅游卫生保健中心	Heilongjiang International Travel Healthcare Centre 3/F No.9 Ganshui Road Nangang District Harbin Heilongjiang 150001 黑龙江省哈尔滨市南岗区赣水路 9 号 2 楼，邮编：150001	0451-8233 5862
Jinan （济南）	Jinan IME Centre　山东大学第二医院健康管理中心	The Second Hospital of Shandong University 4/F Health Management Centre 247 Beiyuan Street Jinan Shandong 250033 山东省济南市北园大街 247 号山东大学第二医院 4 层 邮编：250033	0531-5569 2289
Nanjing （南京）	Global Doctor Nanjing Clinic　环球医生南京诊所	1st Floor Zuolinfengdu Garden No.6 Mochouhu East Road 江苏省南京市莫愁湖东路 6 号左邻风度花园 1 层	025-86579996, 86519991

（续表）

城　　市	检测机构	地　　址	电　话
Nanjing（南京）	Raflles Medical	1st Floor Grand Metropark Hotel Nanjing 319 East Zhongshan Road Nanjing 210016 江苏省南京市中山东路 319 号维景国际大酒店 1 层，邮编：210016	0254-84802842 x 2501
Shanghai（上海）	Shanghai International Travel Medical Center 上海国际旅行医疗保健门诊部	No.15 Jinbang Road Changning District Shanghai 上海市长宁区金浜路 15 号	021-62683085
	Zhabei District Central Hospital　上海市闸北区中心医院	6th Floor Fu Zhen Building No.619 Zhonghua Xin Road Zhabei Shanghai 200070 上海市闸北区中华新路 619 号辅诊楼 6 层，邮编：200070	021-3635 6610
	ParkwayHealth Shanghai Centre　瑞新国际医疗中心	West 315 Shanghai Centre 1376 Nanjing Xi Lu Shanghai 200040 上海市南京西路 1376 号，上海商城，西峰315室，邮编：200040	021-6279 8129
Shenyang（沈阳）	Shenyang IME Centre 沈阳出国移民体检中心	No.2 Wanghu Road Heping District Shenyang Liaoning 110006 辽宁省沈阳市和平区望湖路2号，邮编：10006	024-2326 0528

（续表）

城　　市	检测机构	地　　址	电　话
Shenzhen （深圳）	Shenzhen -IME Centre 深圳出国体检中心	2/F 11 Jinhu Road Luohu District Shenzhen Guangdong 518025 中国广东省深圳市罗湖区金湖路 11 号二层，邮编：518025	0755-2535 8080
Wuhan （武汉）	Wuhan - IME Centre 检验检疫中心	Hubei International Travel Health Care Centre No.457 Luoshi South Road Hongshan District Wuhan Hubei 430070 湖北武汉市洪山区珞狮南路 457 号，邮编：430070	027-8581 1605
Xi'an （西安）	Healthmate International Clinic　健康之友国际 诊所	Healthmate International Clinic of Xi'an 1/F Tower B Changan Hospital 17 Wenjing Lu Weiyang District Xi'an City Shanxi Province 710016 陕西省西安市未央区文景路17号 长安医院B楼1层，邮编：710016	029-861870718 6187072 86187073 86187074

第六章 / CHAPTER SIX

学习在英国 陆

在英国安顿下来之后，就要进入主题好好学习了。本章从熟悉英国院校资源开始，向学生介绍如何利用学校的图书馆资源、免费课程资源，以及如何向同学和老师寻求帮助。接下来，针对去英国就读不同阶段课程的学生分别介绍，如何在英国读好 GCSE、A-Level、本科、硕士及博士。还有小留学生分享其在英国的学习和生活，以及学霸姐姐介绍如何写好英国的论文。

第一节　熟悉院校资源

在英国学习，首先要做的事情就是熟悉院校资源。新生到校后，学校会把第一周作为 Orientation Week（新生介绍周），帮助学生熟悉校园环境、院校资源，也是同学之间相互熟悉的过程。

在新生介绍周期间，学校会组织学生参观校园、举办新生欢迎会、开办各种讲座，让学生与导师和老师熟悉一下，还有学长学姐们分享经验，告诉学生遇到各种困难去哪里寻求帮助。此外，还有各种社团组织邀请学生参加。总之，是非常热闹的一周，初到英国的学生可以利用这个机会尽快熟悉校园、了解英国的学习与生活，还要同学们尽快熟悉起来。

新生刚入学的时候，学校还会给每人发放一本小手册，告诉学生所学专业的课程结构和内容，每门课程的考评方式、记分方式、老师联系方式及考试和放假安排等。同学们要仔细阅读，了解每门课程的难度，以便合理选择课程和安排好自己的时间。除此之外，学生们还要学会如何利用图书馆资源，参加一些免费的英文和学术辅导课，以及多向老师和学长寻求帮助。

图书馆资源

英国院校有非常丰富的图书馆资源，一定要学会加以利用。在英国读大学是不用买教科书的，因为要学的知识不是来源于某本特定的书，任何材料都可以作为学习的内容，所以学习的知识不是只听一家之言，要博采众长。

每门课程的老师都会在学期之初，给学生列出长长的 Reading List（参考阅读书目），可以按照书目到图书馆去借阅。有些图书数量有限，所以同学们要提早下手，先到先得。

图书馆里除了常见的纸质图书和学术杂志外，更庞大的信息资源则来自网络，学生可以利用自己的学生账号免费阅读和下载电子图书、期刊和学术报告。

学校会与学术期刊网站、调查公司网站联网共享数据，提供免费资源，为同学们写论文和做科研提供方便。

很多大学的图书馆之间也进行合作和联网，如伦敦大学下面的各个学院之间的图书馆可以资源共享。例如：一个 Birkbeck（伦敦大学伯贝克学院）的学生，除了可以进入自己本校图书馆学习和借阅图书之外，还可以用自己的学生卡进入 UCL（伦敦大学学院）或 LSE（伦敦大学政经学院）的图书馆进行借阅或学习，可以说是进一校揽多方资源，非常划算。

University of London 成员如下：

❖ Birkbeck, University of London（伯贝克学院）

❖ Goldsmiths, University of London（金匠学院）

❖ King's College London（国王学院）

❖ London Business School（伦敦商学院）

❖ The London School of Economics and Political Science（LSE）（政经学院）

❖ Queen Marry，University of London（伦敦大学玛丽皇后学院）

❖ Royal Academy of Music（皇家音乐学院）

❖ The royal Central School of Speech and Drama（皇家语言和戏剧中心学院）

❖ Royal Holloway, University of London（皇家霍洛威学院）

❖ St George's, University of London（圣乔治医学院）

❖ SOSA, University of London（亚非学院）

❖ UCL（伦敦大学学院）

❖ School of Advanced Study（伦敦大学高等研究学院）

详情可查看：http://lon.ac.uk。

除了学校的图书馆外，学生还可以利用公共图书馆（Public Library）资源。很多公共图书馆只要提供 ID 信息和住址证明就可以免费办理借书证，而且公共图书馆也是资源共享，如果学生在网上看到图书馆 A 有一本自己想借阅的图书，那么就可以把图书 Request（申请）到距离自己家比较近的图书馆 C 去领取，非常方便。

在伦敦名气比较大的图书馆，就是大名鼎鼎的大英图书馆（British Library），已成为旅游景点。还有一些博物馆也有自己的馆藏图书，如 V&A Museum 的图书馆，这类图书馆的很多图书是不可以对外借阅的，只能在馆内阅读，并且有比较严格的安保措施。

免费课程

为了能更好地帮助学生适应英国的学习，学校通常会为学生提供一些免费的 Support 课程。这些课程可以是英文方面的，也可以是学术方面的。比如说，几乎所有院校都会提供免费的 In-sessional English，该课程主要针对英文较弱的国际学生。

学生也可以利用主课程之外的时间去参加免费的英文培训，其培训内容涵盖听、说、读、写各个方面，目的是帮助学生全方位地提高英文能力。建议同学们多去参加这种课程，对提高英文非常有帮助。

还有一类 Support 课程是与学术和学习方法相关的，比如 How to reference、How to do the presentation、How to preform in the group discussion、How to write the essay……从如何写论文到如何演讲，从如何进行小组讨论到如何做 reference，课程种类繁多，五花八门。学生可根据自己的需要安排好时间，有选择地去参加一些课程。笔者在留英期间参加了不少这样的课程，感觉受益匪浅，而且还有一种高额学费被赚回来的感觉呢。

学习支持

除了一些免费课程外，学校还会派出人力资源提供很多方面的学习支持。比如有专门的 Essay Doctor（论文医生）帮助学生校对论文，也有学长学姐们指点迷津，还可以与老师预定一对一的指导，对学生的问题进行答疑解惑。总之，学校会为国际学生提供全方位的服务，当学生在学习和生活方面遇到困难的时候，总会有各种渠道和方式可以得到帮助。

综上所述，初来乍到的新生要学会如何利用院校资源来帮助自己学习。要学会如何利用图书馆资源来查找资料，如何利用网上资源来帮助自己写论文和做研究；适当地参加一些免费英文课程和辅导课程来提高自己的英文和学术能力；多向学长请教在英国的学习和生活技巧；当遇到困难的时候，要学会如何通过各种渠道来获得帮助。

接下来将针对去英国就读不同阶段的学生，分别给出在英国学习的指导和建议。

第二节　写给中学生

本节主要给去英国的小留学生们提供一些指导和建议。主要针对去英国就读 A-level 的学生，介绍如何选择 A-level 科目、A－level 考试和评分标准，还有 UCAS point 的一些相关知识；同时向去英国就读 GCSE 的同学，介绍 GCSE 科目、评分标准及考试时间。还有在英国就读中学的学长和学姐与大家一同分享在英国的学习和生活经验。

就读 A-level

去英国就读 A-level 的学生，首先要涉及的是科目选择，A-level 科目是与将来升入大学的专业息息相关的。通常学生在第一年选择 4 门 A-level 科目进行学习，第二年再选择比较擅长的 3 门科目继续学习，最后 3 门科目成绩将作为升入大学的主要参考标准，当然，也有少数学霸级别的学生提供 4、5 门 A-level 成绩来证明自己足够优秀。A-level 的可选择科目有 100 多种，如何从众多科目中选择比较适合自己的课程是需要认真考虑的。

常见的 A-level 科目见表 6-1。

表 6-1 常见的 A-level 科目

科　目	科　目	科　目
A level Maths（数学）	A level English Language and Literature（英语文学）	A level Classical Civilisation（古典文明）
A level English（英语）	A level Performing Arts（表演艺术）	A level German（德语）
A level Chemistry（化学）	A level Philosophy（哲学）	A level Graphic Products 图形产品设计
A level Biology（生物）	A level Psychology（心理学）	A level Health and Social Care（健康与社会关怀）
A level Geography（地理）	A level Religious Studies（宗教学）	A level ICT（信息通讯技术）
A level History（历史）	A level Spanish（西班牙语）	A level Italian（意大利语）
A level Physics（物理）	A level Dance（舞蹈）	A level Law（法律）
A level Economics（经济）	A level Drama（戏剧）	A level Leisure Studies（休闲研究）
A level Business Studies（商学）	A level Design（设计）	A level Media Studies（媒体研究）
A level Computing（计算机）	A level Electronics（电子）	A level Music（音乐）
A level Sociology（社会学）	A level Environmental Studies（环境研究）	A level Physical Education（教育心理学）
A level Politics（政治）	A level General Studies（通识教育）	A level Citizenship Studies（公民研究）
A level Accounting（会计）	A level Geology（地质学）	
A level Archaeology（考古学）	A level French（法语）	
A level Art and Design（艺术与设计）		
A level Communication（传播学）		

来源：http://www.a-levels.co.uk

那么如何选择 A-level 科目呢？答案是坚持擅长原则和结合职业目标。

（1）擅长原则

由于 A-Level 的成绩高低决定了你将来能够进入怎样的大学，因此一定要选择一两门自己擅长的科目。像历史、地理、法律、商学、经济学、心理学、社会学等文科类科目要求大量的读和写，而且对语言的要求较高，加上中国中学的文史类课程与英国的课程差别非常大，因此，此类课程对中国学生来说是比较难取得好成绩的；而像数学、物理、化学等理科类课程是很多中国学生的专长，在这些课程上中国高中所学习的课程难度已经远远超过了英国 A-level 的难度（中国学生只要解决了语言问题，基本上不会遇到非常困难的境况），因此，数学几乎成为每一个中国学生必选的课程。并且有些同学还会选择汉语作为 A-level 科目。

当然，以上是从大部分中国留学生的 A-Level 成绩来看的，具体到个人，还是应该考虑兴趣和职业发展的结合。

（2）职业目标

A-level 的科目选择应围绕你在大学本科中希望学习的专业和将来的职业目标。有些大学专业严格要求了 A-level 必须涉及的一些科目，如申请医学专业的学生要求 A-level 科目中必含生物和化学；申请精算专业的学生要求 A-level 中学过数学。也有一些大学专业对 A-level 没有严格的科目要求，你只要达到要求的成绩就可以被录取，如一些商科和社会科学专业。所以，建议事先看好大学专业的要求来选择 A-level 科目。

下面举个例子，假设你希望将来从事计算机方面的工作，则可以考虑选择以下科目：

计算机科学（Computer Science） 数学（Mathematics） 物理学（Physics） 商学（Business Studies）	或	数学（Mathematics） 信息技术（Information Technology） 物理学（Physics） 化学（Chemistry）

通过以上介绍，相信学生和家长们已经大致了解了 A-level 科目选择的问题，那么学生需要达到什么样的成绩才能升入比较好的大学呢？

首先来介绍一下 A-level 的成绩评定：A-level 的成绩划分是从 A* 到 F（A*ABCDEF），E 以上级别是通过，而 F 是 Fail 意味着不及格。想想考到牛津、剑桥大学这种名校的学生，需要达到全 A 的成绩；如果是排名前 20 或前 30 的学校一般要求 AAB 或 ABB 的成绩，当然也会根据选择专业的不同而有所不同；如果 A-level 成绩都是 C 或 D 的话，就很难进入好的学校。

另外要补充一点，有些学校在录取要求上写的是需要学生达到多少个
UCAS Point，这让学生们有点晕。

不用发愁，举个例子，请看表 6-2。

表 6-2　A-level 成绩与 UCAS Point 对应关系

A-level 成绩	UCAS Point
A*	140
A	120
B	100
C	80
D	60
E	40

如表中所示，学生的 A-level 成绩分别对应不同的 UCAS Point。如果 A-level
成绩是 A*BD，那么 UCAS Point 就是 140+100 + 60 = 300。

A-level 考试是在每年的 5 ~ 6 月份，根据学生选择的科目有不同的考试日
期，考试结果会在每年的 8 月份公布，之后学生就会根据最后取得的成绩进入
申请的大学。虽然 A-level 的考试和成绩公布是在每年的夏天，但是英国大学
的申请却在前一年的 9 月份就已经开始了。你可根据 A-level 第一年的成绩来
预估自己将来能够达到的最终成绩来选择和申请院校。

如果要申请 2018 年 9 月的本科，那么学校在 2017 年 9 月份就已经开放申
请。这个时候的 A-level 学校会根据学生迄今为止的表现给一个预估的成绩
（predict result），作为学生选择大学的参考。你可以选择 5 所大学在 UCAS
上进行申请，为了确保在下一年能被学校录取，这 5 所院校选择需要既有冲高
的又有保底的（关于英国大学选择，请参考本书第三章第二节）。

因为申请学校的时候学生还未取得 A-level 成绩，所以先拿到的是有条件
录取通知书（Conditional Offer）；等 A-level 成绩 8 月份公布后，学生达到录
取要求后才会拿到无条件录取通知书（Unconditional offer）并最终被学校录取。

关于如何通过 UCAS 申请英国本科、未被任何学校录取的学生如何补申（Extra/Clearing）英国院校，本书在第四章做了详细的介绍，具体内容请参考相关章节。

就读 GCSE

去英国就读 GCSE 的学生年龄普遍比较小，在学习和生活上都需要有更多的关注和辅导。通过第 2 章的介绍，了解到学生在 GCSE 毕业的时候，通常要拿到 5~10 门科目的成绩，所以对学生的学习也是比较有挑战的。

GCSE 有 50 多种科目可供选择，学校会设置选修课和必修课，每个学校开设的课程也不太一样。必修课通常包括数学、英文、英国文学、科学（物理、化学、生物）、IT 等；而选修课包括历史、地理、音乐、戏剧、经济学、心理学、社会学、外语（法语、西班牙语、德语等）等。

GCSE 的成绩评定分为 A*~U（A*A、B、C、D、E、F、G、U），A*是非常优秀的成绩，而 U 意味着不合格。如果想要升入 A-level，通常要求有 5 个或以上 A*~C 的成绩，而且科目中必须包含数学和英文。如果成绩不理想，可以选择重新考试（Re-take）而最终获得达标的成绩。因为 GCSE 的科目难度要比中国的初中略简单一些，所以只要解决语言问题，家长对孩子的成绩就无需太过担心。

GCSE 考试时间是每年的 5~6 月份，成绩公布在 8 月的第 4 周。GCSE 考试过后，一些英国本土的学生会选择就读 A-level 或选择走职业路线，去技术类院校学习，毕业后可直接在相应的岗位就业；而对于国际学生来说，攻读 GCSE 的目的就是继续就读 A-level 进而升入大学。有些学生会选择就读本校的 A-level，也有一些学生会转到其他学校。无论如何选择，优秀的 GCSE 成绩对进入 A-level 和申请大学有着积极的影响。甚至在英国找某些工作都会被要求填写 GCSE 成绩，可见在欧美国家保持良好的学业成绩是多么的重要。

小留学生分享：我在英国读中学

分享人：胡子潇，剑桥某中学学生

我目前在剑桥的一所学校读十一年级,相当于中学的五年级,也是GCSE的最后一年。从中国来到英国上学是个巨大的转变。一般认为在国外学习语言环境不一样，学习轻松一些，其实还有很多其他不同。接下来我想分享几点重要的、有趣的区别，包括同学之间的交流方式、老师的教学方法和丰富的课外活动。

在我们学校，较受欢迎的不是学习最好而是体育最好、最会打交道的同学。那些只会用学习证明自己的人，常会被偷偷嘲笑和鄙视。考试没有排名，老师强调"知道自己的分数就够了，不要和同学比"（当然，下课后大家还是会比）。老师看重的不是成绩，而是学生有没有尽力，是否有进步，有没有弱点需要提高。

英国的课程强调能力培养，文科没有死记硬背，理科没有大量计算。作业的量也不大，但常常要花很多时间搜集资料。比如八年级的工程课作业，我们需要研究桥梁的种类、形状和承重能力的关系并且设计一座桥，同时保证造价不能超出老师规定的预算。设计完成后，可以在软件上测试承重能力并利用数据进行修改。最后，再写一篇报告，说明自己的研究、设计步骤和修改过程。

英国的课外活动很丰富。中午，有些老师会组织兴趣小组。我参加了学校的辩论队，经常谈一些社会热点，比如英国是否应该脱欧、上院议员是否应该通过选举产生。上个学期我们还去了威斯敏斯特议会大厦参加辩论。放学后，学校有足球、篮球、曲棍球、橄榄球、田径等校队，每周都有训练和比赛。体育课通常是一个星期的亮点，而且我可以保证多半同学都会赞同。

上课时，我们可以和同学聊天，和老师开玩笑，主要重视娱乐而不强调水平（体育课没有考试）。此外，我还参加了校外的足球和曲棍球俱乐部。体育不仅增强了我的体魄，促进学习，而且从小学到现在，我的大部分朋友都是通过参加体育活动认识的。

学校会提供许多实践的机会。我们七年级去野营了三天，八年级去法国旅游一个星期，九年级在苏格兰高地旅游两周。九年级我还参加了一个叫Duke of Edinburgh 的活动。拿铜牌必须完成四方面的活动：体育（我打曲棍球）、技能（我学素描）、慈善服务（我在英国心脏基金会当志愿者）和野营。野营的时候，我们 6 个人一组，拿着指南针和地图，背着二十几公斤的背包，在三天内要走完 30 公里的路程。银牌和金牌需要更长的时间，但分量很重。通过这个活动，我能学到野外生存能力，锻炼自己的毅力，而且写在简历上也很漂亮。

十年级，学校鼓励我们寻找实习机会。为了减少接收公司的风险，学校做我们的代表，为我们负责。申请时，我们需要给公司打电话、发邮件、写简历和个人陈述，这对我们将来找工作非常有帮助。有些同学去兽医或医院当护士，有的就去小学当老师助手，也有的去电脑公司组装电脑。我去剑桥大学的生物化学系当了一个博士生的助手。经过一个星期的实习，我了解了尖端的实验室怎样运行、一流的科学家在研究哪些项目，开阔了我的眼界，对我很有启发。

今年是我读 GCSE 的最后一年。我们一月份需要通过 UCAS 申请 Sixth Form（也就是大家熟知的 A-level 课程），并选择课程。这是个关键的过程，因为大学按 A-Level 成绩录取。申请时，每个学校都需要学生写个人陈述，了解你的兴趣爱好，为什么想读这个学校。接下来，我要选择的课程是 A-Level 或 International Baccalaureate（IB）。当时，我很犹豫：A-Level 只能选 3 或 4 门课程，而我认为这样学得太窄。报考大学选择专业必须在 A-Level

选修对应的科目，否则可能无法报考，比如选择物理就必须在 A-Level 学数学。IB 能选 6 门课程，学习内容广泛得多，但 IB 比较新，在剑桥开设这个课程的学校都不太强。剑桥有一所在全英国能排到前一、二名的公立学校，但它只教 A-Level，因此我最后决定学 A-Level，读数学、物理和化学。

总之，我在英国上学的这几年学到了很多实用的知识，发现了我对体育的爱好，结交了来自许多国家的好朋友，还参加了很多有趣的课外活动。希望我的经历能为来英国学习的小伙伴们提供一些参考。

第三节　写给本科生和硕士生

在国内受过高等教育的学生都知道，千辛万苦考上的大学，只要进入就不愁毕业。但是在国外大学的情况却完全不同，学生进入大学之后会更加努力，即使这样也会经常看到一些补考、重修、延期毕业或者毕不了业的同学。因为英国有着严格的成绩考评制度和学位等级划分，确保毕业的学生都是符合学历教育要求的。本节将介绍英国本科及研究生教育的授课方式、评估方式及学位划分等内容，帮助学生更好地熟悉和适应大学的生活。

授课方式

国内大学通常是一门课程由一个老师来教授，而在英国一门课程通常由 1～3 名老师来教授。这样做的理由是，每个老师的学术见解都是有限的，学校需要让学生倾听不同的声音。学生可以对老师提出的观点进行质疑（Challenge），只要你能给出合理的解释和充分的证据，老师也希望从学生那里听到不同的见解。在有些课堂上学生可以随时向老师自由发问，而老师都会耐心地解答。这样的学术氛围，对于那些习惯于倾听和默不作声的中国学生是个挑战。

为了让学生能更好地理解和应用所学到的知识，英国大学的授课方式也多种多样，这里笔者主要介绍以下几种授课和教学方式。

- ❖ Lecture: 学生人数从 30～100 不等，人数比较多的情况下，会在阶梯教室进行，主要采取老师讲授、学生倾听的方式。百人左右的讲座主要是一些公共基础课程，学生必须提前阅读大量文献和提前预习老师要在课堂上讲的 PPT。每节课讲授一到两个小节的内容，预习 20～30 页的 PPT，以及阅读 50～80 页的全英文文章（对于留学生来说是家常便饭）。

- ❖ Seminar: 10～20 人的小班互动课程，学生和老师对已经在 Lecture 上讲述的内容进行深入地延伸和讨论，有时会进行案例分析。学生需要提前准备本节课程需要讨论的内容，Seminar 的授课形式是对 Lecture 中教授内容的分析和应用。

- ❖ Workshop: 通常适用于设计或工程类专业的学生，上课的学生人数也比较少。需要动手制作或在老师的辅导下完成一些作业。

- ❖ One-to-one: 是一对一的辅导形式，需要与老师提前预约时间。学生可以与老师面对面地交流，进一步答疑解惑。尤其是在学生撰写毕业论文期间，One-to-one 是最常用的形式。很多学生每周都要去见一下导师，向老师汇报进度，老师也会对学生进行指导。

评估方式

英国高等教育对学生的成绩评估方式多种多样，期中和期末成绩分别占不同的比重，比如期中考试占 40%，期末论文占 60%。考评方式不仅仅限于考试和论文，还有以下多种方式。

- ❖ Essay/Report: 论文和学术报告是最常见的评估方式，学生通常要撰写 3000～5000 字的论文或报告，需要对老师给定的题目或话题进行论述。有些老师会给出结构要求，有些老师只要求按照常见的论文或报告格式进行撰写，所以了解 Essay 和 Report 的篇章结构很重要。尤其要注意的是，在运用他人观点或数据的时候，要明确指明出处（reference），否则会被判定为抄袭，并且有相关的软件来检查论文相似度，如果论文相似度很高，将很难通过甚至被处以严重的惩罚。

❖ Presentation: 这是一种最能锻炼学生英文能力和表达能力的考评方式，学生要对所研究的问题和结果在全班同学或考官面前进行口头陈述。有可能是个人的 Presentation，也可能是 3~5 人的团队合作一起完成一个 Presentation，最终团队的每个成员都获得相同的分数。所以每个人都要努力工作，使团队获得最好的成绩，这也是最能培养学生团队精神和合作能力的考评方式。

❖ Exam: 考试是中国学生最熟悉和最擅长的了，老师出题，在规定时间内答完就可以了。但是也有一些区别，在国内的考试是老师出 3 道题目，学生就得答这 3 道题目；而在英国老师会出 6 道题目，让学生选择 3 道最擅长的进行回答，给学生进行充分选择的余地。总体感觉要比国内的考试容易，因为学生貌似不用进行全面复习。

❖ Debate: 辩论考评方式会出现在商学和法学这种更需要学生口才和思辨能力的学科中。通常四人一组在老师列出的众多题目中选择一个话题，两人支持正方观点，另外两人支持反方观点，在规定的时间内进行辩论。辩论前正反双方不得提前向对方透露观点，辩论结束后同组两人获得相同成绩。这个是对母语为非英语的学生的一项挑战，但是只要坚持下来，英语水平会有显著的进步。

总之，老师对学生成绩的评定是十分严谨的，老师对各项指标分别进行打分，最后评定出最终的成绩。通常会有两个 Examiner（学生成绩评定人员）来给学生进行评定，当两个老师对学生成绩的意见不统一时，要引入第三个 Examiner。不仅如此，如果学生对老师评定的成绩不满意，还可以进行 Argue，要求老师重新评定成绩。

英国学位等级划分

首先针对去英国读本科的学生介绍英国学士学位等级的划分。相信通过前几章的介绍，你已经对学士等级划分有了初步的了解，与国内评定不同，在英国学习的学生能够拿到 60 分已经是很好的成绩了，60 分或以上的成绩相当于 2:1 等学位，能取得 2:1 或以上学位等级的学生在英国升学和就业都有了比较好的起评点。

在英国读本科，大一的成绩是不计入最后的成绩评定的，学校会给学生一年的时间来适应英国的学习和生活，而大二和大三的成绩会按照百分比来计入最后的学位评定，如大二占 40%，大三占 60%。按获得学位等级的比例来说，多数学生最后拿到的都是 2：2 和 2：1 的学位，只有 10%的"学霸"能拿到一等学位，还有少数"不幸"的学生拿到三等学位，还有少数更"不幸"的学生没能毕业或延期毕业。有关学士学位等级划分见表 6-3。

表 6-3 学士学位等级划分

等级	英文	简写	成绩要求
一等学位	First class degree	（（1st）	70 分或以上
二级甲等	Upper-second class	（（2:1））	60 分~69 分
二级乙等	Lower-second class	（（2:2））	50 分~59 分
三等学位	Third class	（（3rd））	40 分~49 分

英国硕士学位（Master Degree）划分为三个等级，分别是 Pass（通过）、Merit（良好）、Distinction（优秀），少数"学霸"平均分达到 70%或以上的成绩可以取得 Distinction 的学位，成绩达到 60%的学生会拿到 Merit 的学位，而其他通过最后评定的学生会拿到 Pass。

要完成英国的 Master Degree 需要修满 120 个学分，以 12 个月的授课式硕士为例，第一学期和第二学期授课，第三学期写论文。每个学期要上 3~4 个 Module（模块），每个 Module 占 10~20 个学分，毕业论文的比重比较大，要占 30~40 个学分。学位评定按照每门课程的成绩和所占 Credit（学分）的比重得出最后的平均分。如果学生只完成前两学期的课程但没有完成最后的论文，学校将颁发 Graduate Diploma（结业证）而不是 Degree（学位证）。

　　总体来说，在英国接受高等教育要比国内更辛苦一些，学生不仅要适应国外的学习环境，还要适应国外的生活环境。但是，如果你坚持下来了，就能获得更多的收获，学到一些比较实用的本领或掌握了世界上比较领先的原理和科技。一份辛苦、一份耕耘、一份收获，你的努力终将都会取得回报。

卡斯商学院毕业生分享在英学习和工作经历

作者：Brandon

伦敦金融民工，从事风投基金管理与企业并购

台湾辅仁大学资信管理专业本科，卡斯商学院金融硕士

　　原本一心想要去美国读金融的我，因为家庭原因没办法配合已录取的美国大学开学时间，最后选择了卡斯商学院。首先说说我的工作与学术背景：台湾辅仁大学资讯管理专业，毕业后在银行做过几单地产收购项目，项目在东南亚与武汉，GMAT 720，TOEFL 109，IELST 7.5，就读前通过 CFA L2。

　　在选择学校的过程中，我把毕业后的就业率摆在第一位，因此非常看重学校所能提供的就业服务与业界名声。由于选择英国学校的过程仓促，只选择了 LBS、帝国理工、卡斯和华威，但一心想待在伦敦的我把华威删除了。经过初步的研究发现，LBS 的金融硕士工作经历要求甚高，只好果断放弃。帝国理工金融相关专业课程结合许多数学与工科概念，毕业生逻辑清晰，受到资产管理与交易相关金融服务等要求数学背景较重的机构喜爱。而身边朋友与网上的前辈们对卡斯的评价大多是求职服务好、学生求职态度积极、业界名声优良，最后申请了帝国理工的财务工程专业和卡斯的金融专业。英国

一般的学校采用 rolling application（循环录取）制度，不像美国学校大多有一个固定的截止日期。我在 4 月确定无法去美国后才开始申请，3 周后被帝国理工拒绝，5 月收到卡斯的录取通知书。

卡斯算是金融类职业学校，金融相关科系分的很细，学生可以在就业前针对想做的金融业务进行更深入地了解。我读的 Finance 专业反而是所有科系里接触比较广泛的，金融各方面的内容都能覆盖到，同班的毕业生就业的面很广，对于还没想好毕业后要从事哪方面工作的学生来说弹性比较大。

到卡斯读书的学生大多是就业导向，学生对找工作非常积极，学校提供的就业资源也很丰富。英国的求职申请大多在 11、12 月关闭，对于想要在英国工作的同学，我的建议是从 7、8 月份开始准备，包括准备申请资料和练习面试。9 月份开学之后学校的 career center（职业规划中心）会提供 cv 校阅和模拟面试的服务，这是我在学校觉得最有帮助的资源，对于不了解自己职业发展的同学，学校也会提供职业发展顾问服务。学校的 career center 服务没有限制次数，采用预约制，学生可以暴力预约暴力使用。学校也会时常举办校友或业界人士交流活动，networking（关系网）在职场发展中是非常重要的，同学们要尽管厚着脸皮去聊，通过介绍而申请的工作录取机率比一般流程申请还要高，也可以接触到一些没有公开招聘的职缺。

卡斯的教学内容以实务导向为主，以我所就读的 Finance 专业来说，课程带入了很多案例研究，让学生有机会接触最新的公司案例，除了加深知识外，对工作面试也非常有帮助。学校也常举办证照讲座，如 CFA、ACCA，帮助学生顺利考取证照。

求职的道路是艰苦的，以我的背景来说，没签证、没身份且非 oxbridge（牛津、剑桥），很多申请都石沉大海了，但请同学们不要心灰意冷，相信自己、做足准备、坚持到底，虽然听起来有些鸡汤，但却是这个阶段唯一可做的。

申请策略分为两种，其中一种是海量申请，不分业务性质，一次申请几百个公司，好处是覆盖面积大，被邀请进行面试的机会多，缺点是定制化 cover letter（求职信）相当费时，还有面试问答可能无法深入谈到行业细节，可能会被面试官认为行业知识不足或热情不够。另一种策略则是针对某些业务内容进行申请，也是我所采用的策略。

我从 2015 年 9 月底到 2016 年 2 月总共递出 40 份申请，业务内容包含 M&A、PE、VC，收到 3 份面试邀请，两个到 final（最后一轮），被其中一个录用。申请的公司大大小小都有，同学们不要拘泥于只申请大公司，小公司可以承担的责任更多，学习曲线更好，即使福利待遇没有大公司好，在小公司有一定的经验后跳到大公司也是一个可以考虑的途径。签证和身份问题对国际学生来说是一个很大的不利因素，我在一个 PE 公司面试到最后一轮时被面试官告知公司无法提供签证，无法进入两年的 Graduate Scheme（毕业生计划），当然这也可能是拒绝录取的理由，但事实上很多公司的申请系统会先问需不需要公司赞助签证，在移民紧缩的政策下，大多数公司看到需要签证的申请者就直接拒绝了。当时班上有些同学在申请时刻意填了不需要签证，被录取了，但在最后身份审核的过程被公司告知合约最多只能到签证到期日，这算是很幸运的，欺骗行为很有可能让求职者在整个英国甚至国际就业市场上被黑掉，千万不要心存侥幸。

卡斯应届毕业生平均薪资在 36k 英镑左右，伦敦金融业硕士应届毕业生薪资低标约在 30k，高标约在 45k。针对我现在从事的并购业务来说，薪资位于中上，奖金大约在本薪的 0.8 倍~1.2 倍，工时长，工作大部分时间都在处理 Excel 和 Power Point，有交易的时候每周工时可能会高达 80 小时。投行并购业务团队大致分为四阶，最底层的 analyst（分析员），负责 pitchbook（项目说明书）制作，少量的 modelling（模型建立）。更高一阶为 associate（经理），工作也是制作 pitchbook 与 modelling，但 modelling 成分更重。VP

（副总裁）则负责监督 analyst 与 associate 的工作，有些与客户沟通的工作内容。食物链顶层则是 MD（董事总经理），负责与客户建立关系，提供潜在交易案构想，评估买卖双方交易的优劣，建议交易结构与时间表等，需要很大量的行业经验。

求学为的是好工作，工作为的是好生活，人生一路打拼高低起伏难免，成功者会成功是因为在可以放弃的时候不放弃，告诉自己艰难的过去会换来更强大的自己，与同学们共勉。

第四节　写给博士生

当你进入博士的学习生涯，也就意味着，你在求学这条道路上走得比大部分人都更远，你即将接触到某个领域的内核，去探索与思考。大部分英国学校在学年开学时，除了提供面向所有学生的新生周（Orientation Week 或 Fresher's Week）以外，通常还会专门给博士生提供一个较为简短的 PhD Induction，一般持续半天，简单介绍博士的学习是怎样的，如何考评，以及学校的图书馆有哪些资源可供学术研究等。下面就准博士生，应该了解的信息进行详细介绍。

学习方式

博士的学习方式，除了部分学校在博士的第一年开课以外，博士的绝大部分时间都是自己搞研究。如果你所在的学校没有给博士开课，那么从博士开学的第一天起，就可以开始写博士毕业论文了。

学习内容主要包括阅读、思考、做数据、分析数据、写文章。当你碰到自己解决不了的问题或是想不明白的地方，可以联系导师约一个双方合适的会面时间，然后当面向导师请教，寻求导师的指点。如果问题较为简洁，一封邮件

就可以解释清楚的，也可以通过邮件与导师取得联系。得到指导之后，便开始
另一轮的自我学习，遇到问题、解决问题的轮回，就这样循环往复，直到毕业
论文写完为止。当你写完并且修改好毕业论文之后就可以提交了，恭喜你，你
的学生生涯到此就完全结束了。这里纠正一个常见的错误认识，博士是所有学
位里最高的学位，而博士后不是学位而是一份工作。

除非自己的导师有特殊要求——必须在博士毕业前有论文发表，不过学校
对于博士毕业要发表论文一事一般没有任何要求。在博士就读期间的任何一天
都可以提交毕业论文，也就是说全年的任何一天你都可以毕业。那么同学们可
能想问了，既然没有课，也不要求在读期间发表论文，那为什么大多数人还读
了 3~5 年才毕业呢？这是因为，毕业论文的学术水平一定要高。虽然不要求
发表，但是毕业论文的质量要达到可以发表的水平，并且是国际期刊里中上等
的水平。学校之所以没有要求学生在读期间发表，主要是因为期刊的审稿周期
长，从投稿出去到最后发表，中间经过两年时间是比较正常的；再加上，如果
学生毕业以后不打算继续从事研究事业，而走向企业做与科研毫无关系的工作
的话，也没有必要在读期间花费那么多时间和精力去投稿及修改稿件。虽然不
要求在读期间发表论文，但博士生除了要管好自己的日常学习之外，每年都要
接受所在院系的考核，当年度的学习进度要符合学校的考核标准。

考核方式

英国 PhD 每年有一次 Annual Review（年度考核）。PhD 的 Annual Review
一般有三种考核形式：Report（书面报告）、Panel interview（面试）和 Presentation
（演讲），其中 Panel Interview 相当于 mini 版答辩。

1. Report

书面报告是最常见的考核形式，字数从五千字到几万字不等，取决于是第
几年的考核和不同系的要求。书面报告的内容一般是按照系里要求的格式，主
要是总结本年度的研究进展和接下来的学习规划。书面报告由系里分配的 1 或

2 名老师阅读并评判，老师会给出一份评判报告，判定该生是否通过这一年的年度考核并对该生的书面报告列出具体的不足与如何提高的意见。除了这 1 或 2 名老师以外，学校不会把学生的 Report 公示给其他老师和博士生。

2. Panel interview

这种考核面试像是一场迷你版的毕业论文答辩。由系里分配的 2 名老师针对该学生的博士研究进行不断地提问，时间是 30~120 分钟，何时提问完毕何时结束。面试结束后，2 名考核老师给出评判结果。除了考生与这 2 名老师以外，一般没有其他人在场。

3. Presentation

演讲是最不常见的年度考核形式。演讲前学生需要提前准备好 PPT 和排练，在演讲现场把自己这一年的研究展现给大家。系里一般会提前给系里所有的博士生和老师发邮件，邀请大家来观看演讲并现场向学生提问。演讲时长为 15~25 分钟，接受提问时长为 5~10 分钟。这种考核形式虽然不常见，但因与参加学术会议（conference）的形式类似，所以值得给同学们讲讲。

博士生每一年的 Annual Review 都需要 pass，尤以第一年的 Annual Review 最为重要，为博士毕业论文的开题答辩。第一年的主要任务是调整确定博士毕业论文的题目与研究方法，这一年的年度考核如果没有通过的话，学校会在 3 个月内给该学生第二次考核的机会。如果第二次考核通过了，则 PhD 的研究继续；如果第二次的考核没有通过，则该学生的 programme 会从 PhD 降到 MPhil（Master of Philosophy）研究式硕士学位。

通过第一年年度考核的学生身份会从 PhD Student 确认为 PhD Candidate（博士研究生）。这里有一个小小的提示：如果一位博士生在自己的邮件签名里写着 PhD Candidate in xxx 专业，那就意味着该生已经通过了博士第一年年度考核。也有一些同学不想修改自己的 title 继续使用 PhD Student。

至于第二年与第三年的年度考核，每个学校的具体要求不太一样。但基本上都是要求学生这一年的研究要有不错的进度，满足 PhD 的水准，能够在时间计划内完成博士毕业论文。这两年的年度考核，只要正常地学习一般都是能顺利通过的。

接下来最重要的考核就是提交博士毕业论文并进行毕业答辩了。根据英国目前的签证政策，每一位博士生都应该在博士入学后第 4 年的最后一个月的最后一天前，向学校提交自己的博士毕业论文。除非有特殊情况可以向学校申请延期提交，不然都必须在这一天之前 submit（提交）。

博士毕业论文向学校提交之后，接下来的 1~3 个月内学校会通知你毕业答辩的时间。关于博士毕业答辩，一般会有 2 或 3 位答辩老师参与。这其中是不包括自己的导师的，自己的导师不参与答辩现场。这 2 或 3 位答辩老师其中至少有一位是来自外校的。这里的"外"字是没有限定的，也就是说可以是本市的另一所学校，也可以是本市以外的学校，甚至也可以是在英国以外的学校。选定这位外审老师的标准就是，在全球范围内找一位与你的研究领域最为接近的学者之一。笔者第一次到达英国的机场时就碰到了一位来英国参加 PhD 毕业答辩作为外审的"旅友"。他只在英国逗留一天，做完外审老师之后就飞回自己的学校，继续他的研究之路。

总之，博士生的学习是非常辛苦的，需要坚定的毅力和持之以恒的精神。除了要擅长学术研究以外，还要安排好自己的生活。最后，预祝有此志向的同学，都能顺利地完成博士学位。

学霸博士教你如何拿论文高分

作者：胡玉洁
杜伦大学商学博士

在英国读书期间，论文在学生的成绩考评中占了很大的比重，而且由于中英两国的学术标准和要求不同，让刚来英国的学生在写论文这件事情上摸不着头脑。如果同学们在写论文这件事情上头痛的话，可阅读学霸姐姐给大家分享的关于如何写好英国学术论文的建议。

首先，思路很重要，不能靠字数堆砌。培养思路首先要阅读，通过阅读增长基础知识。在有基础知识的前提下，时常思考一些为什么。老师为什么会布置这道案例，他想从学生这里知道些什么，上课时老师提到了哪些理论，为什么着重讲解了这个理论，这个理论能否真正回答这道题目，我能否找到关于这个理论的延伸理论？除了思路，框架也很重要。这里的框架，包括文章的大纲，也包括承上启下的逻辑连接。

字数的分配亦是不容小觑，尤其是对于毕业论文。一般一篇一万字左右的毕业论文字数分配大概是这样的：

- ❖ Abstract（摘要）200 字（约占 2%）
- ❖ Introduction（简介）800~1000 字（约占 8%~10%）
- ❖ Literature review（文献综述）3000~4000 字（约占 30%~40%）
- ❖ Methodology（方法论）800~1000 字（约占 8%~10%）
- ❖ Findings and analysis（研究结果与分析）3000~3500 字（约占 30%~35%）
- ❖ Conclusion（结论）800~1000 字（约占 8%~10%）

（1）关于图表

图表不要太花哨，不然会显得不够学术，不够正式。举目望去已经发表出来的那些学术文章，里面的图表都不花哨，而且通常是黑白色的。一般的学期期末论文，不一定只能做成黑白色，一些大方的纯色，比如蓝色也都是可以接受的。

（2）重视结论

一个好的结论对于论文的"拔高"，可以起到加分的效果。有些同学写

conclusion 这一部分的时候就只写一段，甚至只有几句话，若不是学校要求写这一部分，恨不得把这一部分直接略过。一些学弟学妹问我 conclusion 到底是用来做什么呢？文章的总述好像在 Introduction 中已经写过了呀？其实，conclusion 是对全文的总结，与 introduction 最大的不同是 conclusion 里着重写你研究出来的结论。而 introduction 里是绝对不会出现你的研究结论的，只是写这篇文章你打算干什么，研究意义和文章的大纲。

（3）学术期刊的引用

引用的学术期刊的星级和重要程度，是给论文"拔高"的考量方法。简单来说，引用的文献越"牛"，就越显得文章是"站"在"牛人"的肩膀上的，让老师觉得你引用文章时是经过深刻考量的。一般来说，学术期刊的重要程度，可通过搜索学术期刊排名来知晓，既可以询问老师和同学，也可以直接在谷歌里搜索所学领域里的 journal ranking（期刊排名）。比如商科的学术期刊，每年的最新排名都可以在 ABS（Association of Business Schools）的网页上找到。

有些老师甚至会喜欢学生引用一些时事的新闻放进论文里，以显示该学生有把理论联系到实际社会的能力。但是请大家注意，这里的新闻链接最好是英文的，越权威的媒体越好，这里给大家列举几个英国的权威 News 机构：

❖ BBC　http://www.bbc.co.uk/news/;

❖ The Telegraph　http://www.telegraph.co.uk/news/;

❖ The Guardian　http://www.theguardian.com/uk。

除了以上比较 general 的新闻网站以外，每一个专业都有自己具体的专业性网站，也非常值得大家平时在上网的时候阅读。比如人力资源管理专业有 People Management Daily（www.CIPD.co.uk）和 Personnel Today（www.personneltoday.com），金融类专业有 Financial Times《金融时报》

（www.ft.com）、Bloomberg《彭博社》（www.bloomberg.com）和 The Economist 《经济学家》（www.economist.com）等。

（4）语言运用

要想论文拿高分，语言也是其中不可忽视的一部分。虽然作为中国人来说英语不是母语，但是最基本的语法最好不要出错。即便是无法使用特别地道的表达方式，也要力求用准确、简洁的语言表达好思路。如果把论文写完之后，自己已经挑不出毛病了，那就找一位信得过的朋友帮忙看一看。笔者的亲身体会是，即使是再简单的语法问题，甚至是拼写错误，自己阅读的时候总是会忽略掉一些，而这个时候，即便朋友只是帮忙阅读一遍，总是能找出一些被自己不小心忽略掉的错误，甚是"火眼金睛"。

总之，写论文是慢工夫，需要进行大量的资料搜集整理，运用清晰的思路，按照常用的论文结构和格式来组织撰写。开始的时候可能会摸不到头脑，等大家写过 2 或 3 篇之后就会得其要领了。希望以上建议对大家有所帮助！

第七章/CHAPTER SEVEN

生活在英国

柒

　　英国是这样一个国度，来的人如果只是抱着单纯的目的，譬如学习或工作，却忘了体验生活，那便能说明他真正来过。就像在一条举目四望都是电影画面的街道，你如果只是低头走自己的路，就会错过一道又一道的意味深长。

　　为了不让你因错过而留下遗憾，本章将介绍在英国如何过上有品质的生活，包括食、衣、行，以及这里的电影、足球与酒吧。

第一节 食

民以食为天，相信很多去英国的学生最关心的问题就是吃了。下面围绕在哪里吃，吃什么，在英国可以买到的食物为主题一一介绍英国的吃文化。

多元文化的英国饮食

谈起英国的食物，很多人可能会皱眉头，毕竟"暗黑料理大国"，声名在外。实际上，如果深入了解英国的饮食文化，你会发现，英国人的饮食，因为历史原因，一直就受到多元文化的影响。远古时期是古罗马人的饮食习惯，中世纪又深受法式料理文化的渗透。

例如，古罗马人给英国带来了樱桃、大荨麻（在沙拉和汤里面经常用到）、卷心菜、豌豆及酒；而法国人的入侵则给英国带来了东方的调料，包括肉桂、番红花、麦芽、肉豆蔻、胡椒、姜等。

现代的英国美食，又受到了世界各国美食的影响。在首都伦敦，中餐、印度餐、意大利餐也是很受欢迎的。

如果你有幸住在英国人家里，就会发现，很多家庭的饮食也是经常变化，可能今天吃典型的英国餐，明天吃印度咖喱，周五晚上吃中餐外卖或日本寿司，英国人很少连续吃一种国家的食物。

餐饮地点

英国常见的餐饮地点，除了正式的餐厅和外卖店之外，和中国人习惯不太一样的是，英国人最喜欢吃饭的地方是 Pub（酒吧）。酒吧原本是英国人用来进行社交的地点，下班后和同事约好去喝两杯，顺便吃点东西。

另一种比较常见的小型餐厅是 Tea Rooms（茶屋）。茶屋是一种很小的餐厅或咖啡厅，在英国的小型城市和镇上非常常见，通常各具茶屋主人自己的特色，里面会供应茶、咖啡、点心以及一些小零食，有时候也会提供早餐。

另外，近几年随着送餐行业的发达，越来越多的人也开始在手机 App 上点餐，让食物送到家里来，比较常用的订餐 App 有 Just Eat、Deliveroo 和 Urber Eats 等。

英国传统食物

在英国菜中，土豆占有很大的比重，毕竟这是一个"土豆王国"。除了土豆外，也有其他的特色美食：

❖ 炸鱼和薯条（Fish and chips）：大名鼎鼎的炸鱼和薯条，鱼常选用鳕鱼、黑鳕鱼及比目鱼等，配上薯条，就是英国传统的搭配了。炸鱼和薯条虽然在很多的英国餐厅、酒馆都能看到，但最常见的还是作为外卖带走的食物。英国人经常搭配盐和胡椒粉，或者番茄酱及美乃滋一起食用。

❖ 周日烤肉（Sunday Roast）：每周日成千上万的英式家庭进行聚会，会吃一顿丰盛的午餐（吃烤肉、烤土豆和蔬菜）。最常见的组合有烤牛肉和约克郡布丁（Yorkshire pudding）（约克郡布丁不是布丁，而是一种口感很像油条的食物）、烤羊肉和薄荷酱、烤猪肉、鸡肉和蔓越莓果酱。英国人会选择在家里或全家人一起去餐厅或酒馆里吃周日烤肉。

❖ 英式早餐（Full English Breakfast）：每个餐厅的组合稍微有些差别，但是大多包含了培根、鸡蛋、番茄、豆子、香肠、烤土司、考土豆饼（Harsh Brown）、血肠（Black Pudding）、蘑菇 、英国早餐茶、咖啡等。其食物种类很丰富，卡路里也比较高，偶尔吃一两次还是不错的。

❖ 英式下午茶（Afternoon Tea）：下午茶原本在英国是私人社交活动，专门给想借此爬到上流社会的女士们。但是自从维多利业女士开始参与下午茶活动，就变成了一个正式的、大众化的社交活动。下午茶现在经常被用来庆

祝特殊活动，比如生日、婚礼之前的单身派对、准妈妈派对等。下午茶人
们常常一起吃三明治、司康饼、糕点和蛋糕，配合着果酱、奶油等一起吃。

❖ 牛排和腰子布丁（Steak and Kidney Pie）：这个是由牛肉块和切成泥的牛腰
子，先用洋葱炒过一遍，然后外面包上酥皮面粉，再放进烤箱里面烤熟的
一种英国传统食物，在英国的酒馆里面常见。

其他的英国美食还包括农舍派（Cottage Pie）、香肠配土豆泥（Bangers and
Mash）、惠灵顿牛肉（Beef Wellington）等，大家有机会可以多去尝试。

中餐、印度餐和意大利餐

如果吃不习惯英国本土的食物，也不用担心。之前已经提到，英国食物在
历史上就受到多种文化的影响，英国人习惯吃不同地方的美食。其中，以中餐、
印度餐及意大利餐最受欢迎。

中餐里面，最近几年不仅仅是餐厅和外卖的代名词了。很多英国人自己也
会在家里尝试烹饪中餐。

上世纪 80 年代的英国人，以为中餐就是"酸甜酱猪肉"，但现在在英国，
四川、湖南、东北、广式点心，以及中国其他地方的餐饮也越来越受本地人的
喜欢。

自己动手，丰衣足食

很多去英国留学的学生都表示，自己的厨艺在这段时间大有长进。"暗黑
料理"受不了，中餐馆又挺贵的，怎么办？只好自己上阵了，好厨艺都是逼出
来的。

英国有很多连锁超市，常见的有 Sainsbury、Tesco、Morrison、Co-op 等，
更高级的一点有 Waitrose、Marks and Spencer、Wholefood market，你能在这
些超市里买到肉、海鲜、蔬菜、水果、调味料等。

还有一些超市，如 Tesco，在 World Food（世界食品）这一个区域，甚至

有中餐很多的调料如料酒、甜面酱、老干妈等供应。其他的中餐食材和调料，如火锅锅底、火锅蘸酱等，则很容易在英国的中国超市里买到。

第二节 衣

英国绝对是世界上数一数二的"潮国"，在街头，放眼望去，小哥哥小姐姐们的衣品都没得挑。独有的温带海洋气候，也非常适合穿衣搭配。另外，长衣长裤在英国的使用率会更高一些。

在英国买各种风格和价位的时装与配饰都非常方便，可以去实体店购买，也可以进行网购。

英国实体购物的服务体验普遍都非常好，实体店店员都会非常热心的帮助顾客，如果需要退货或更换商品，店员都会立刻处理你的需求。尤其在伦敦牛津街、萨尔维街这样充满时尚与古典美混搭的地方，你的购物欲很难不被撩拨起来。

在英国购物,除特殊商品外，一般都有 28 天的退换时间(打折商品 14 天)，保留好标签和发票，就近进行退货或更换商品，实体店和网点购买的都可以。

如果你是学生，在很多地方还可以享受 10%的折扣，所以出门购物的时候请带好学生卡，关键时刻非常有用。

英国本土常见的高街品牌

高街品牌，指的是在每一个城市或镇上都有一条主要的商业街叫 High street（高街），而这些品牌，在英国的每一条高街上，出现的频率都非常高，价格在中低档范围。

不同品牌针对的风格和年龄层次都不同，可以根据品牌的风格和针对的年龄进行挑选，而且很容易买到自己心仪的衣服。

1. Topshop 和 Topman

Topshop 是英国本土品牌，风格大胆多元，很受年轻人的欢迎。Topman 是 Topshop 的男生品牌。价格在高街道品牌里面算中等偏上的，衣服质量还不错。Topshop 虽然是高街品牌，但是很多欧美的明星也非常钟爱，比如当红歌星泰勒·斯威夫特（Taylor Swift）、布莱克·来佛利（Blake lively）等。Topshop 的牛仔裤尤其出名，质量和款式都非常棒。

2. Miss Selfridges

与 Topshop、Topman 一样，都属于英国时尚公司 Acradia Group 旗下的品牌，属于甜美活泼风格，很多女生喜欢在这里买裙子和小礼服，价格不贵且非常时尚。值得注意的是，英国很多的服装品牌从 6 号（Size 6）或 8 号（Size 8）开始，而亚洲很多姑娘的身材都非常娇小，6 号或 8 号的衣服对她们来说都很大。但是也有一些贴心的品牌考虑到了身材娇小的姑娘，如 Miss Selfridge，这个品牌的衣服从 4 号开始。

3. Oasls

柔美风格，针对 18~40 岁左右的女性。价格在高街里面属中等偏上，很多英国的上班族非常喜欢这个品牌的衣服。风格分为两大系列：一个是简约风格，颜色单一，款式以简单的基本款或线条为主；另一个是碎花系列，主要展示女性的柔美和时尚。Oasis 的衣服质量都非常好，是一个很注重品质的英国本土品牌。

4. Dorothy Perkins

衣着风格比较成熟，适合不同年龄的上班族。该品牌比较受欢迎的是适合上班或面试的套裙（Smart Dress），以及女士衬衫，价格非常合适，尤其是打折的时候，是非常受英国在办公室工作女士的欢迎。

5. Reiss

高街品牌里面价格偏贵的品牌，最近几年因为英国王妃 Kate Middleton 对其的钟爱而越来越火，王妃穿着 Reiss 的裙子出席过很多重要的场合，比如她的官方订婚照穿了一件 Reiss 的白色裙了；在和威廉王子一起接见奥巴马夫妇的时候穿了一件 Reiss 的裸色裙子。每次英国王妃穿 Reiss 的裙子，其官网就会立刻卖光或者瘫痪一会儿，可见人们对皇室家庭的喜爱。

买买买之 Boxing Day & Summer Sale

Boxing Day（节礼日），在每年的 12 月 26 日。原本是牧师在这一天打开功德箱，接济穷人的日子，如今已成为英国一年里最大的购物节。每到这一天，商家疯狂打折，各大商场门口五点开始就有人排队，稍晚一步，好东西可能就被抢光了。

Boxing Day 的购物攻略，其实就两个字：早和快。另外，体力得好，毕竟要穿过人山人海才能拿到心仪的商品。购物前要有计划、有重点，不可能什么好东西都给你占了。一般来说，Harrods、Selfridges 和 Westfield 这三大商场是很多人的首选，找准自己的品牌后，就向里面"冲"吧。

Summer Sale 是除 Boxing Day 外，另一个让人 high 到尖叫的购物节，时间相对来说更长，也就没有 Boxing Day 购物如打仗的氛围了。时间在每年的 6、

7 月份，由于赶上了毕业季，因此不少留学生都把 Summer Sale 当作是"最后的疯狂"。

下面我们就来重点介绍几个"血拼"场所。

（1）Harrods

伦敦最知名的奢华高级购物中心之一，被誉为伦敦的城中城，充满埃及特色的巴洛克风格建筑，让 Harrods 又被誉为英国的陶土宫殿。它拥有 100 多年的历史，是英伦范儿奢华与高贵的代名词。

这里汇集了来自全球的奢侈服饰品牌、豪华装修、顶端的艺术品及让人过嘴难忘的世界各地美食，据说英国最火的 Metaburn 减肥产品也进入 Harrods 百货，这些都让 Harrods 百货成为旅游购物胜地。

地址：87-135 Brompton Road，SW1X 7XL。

交通：地铁 Piccadilly Line，Knightsbridge 站。

营业时间：周一至周六 10:00～20:00，周日 11:30～18:00。

（2）Selfridges

伦敦最便利的高端百货大楼，位于伦敦最繁华的商业街——牛津街，靠近海德公园东北角。每年的 Boxing Day，从凌晨两三点开始就在百货大楼门口排起了长长的队伍，他们裹着厚厚的棉衣，手捧热茶，依然冻得腿脚哆嗦，静候百货大楼开门，堪称伦敦圣诞节的一道亮丽风景线。如果运气好的话，在这里你还会碰到全球各地的明星，没错，他们也会来抢购打折货。

地址：400 Oxford Street，W1A 1AB。

最近地铁站：Central Line/Jubliee Line，Bond Street 站。

营业时间：周一至周六 9:30～21:00，周日 11:30～18:00。

（3）Westfield

英国高端百货的后起之秀，是英国最大的现代化购物商场，位于伦敦市区的 Westfield，整个商场以两层的环状走廊为主体，中间部分及北面的 Cafe Avenue 是主要的餐饮区域。M&S 和 ZARA 都在伦敦 Westfield 购物中心设有旗舰店，在这里你能看到别处找不到的货品。

整个 Westfield London 购物中心中最引人注目的当属 Luxury Village，拥有超过 40 家国际大牌和生活方式品牌，从 Prada 到 Thomas Pink 应有尽有。百货周围配套设施相当齐全，百货大楼靠近 Shepherd's Bush 地铁站出口，周围一排的高端餐厅，从意大利到法国，从西班牙到中国，各国美食应有尽有，一站式服务让你买遍全球，吃遍全球。

地址：The Broadway，London，E15 1WG。

最近地铁站：Stratford 站。

营业时间：周一至周五 10:00～21:00，周六 9:00～21:00，周日 12:00～18:00。

网购

英国虽然没有淘宝，但是网上购物行业也非常成熟和发达。绝大多数零售品牌都有官网，可以直接在上面购物。有些时装品牌甚至只有网店，比如英国知名的网上服装零售品牌 Asos。

很多的大型购物商城，如 Debenhams、Selfridges、House of Fraser、John Lewis，以及英国最著名的奢侈品购物商城 Harrods，都可以在网上订购。

在 Boxing Day 和 Summer Sale 来临之时，有了网上购物渠道，大家可以不用去拥挤的商场里面排队，在网上就能立刻买到打折的商品。不过，这就是比谁手快的时候，很多热门商品一旦打折，几分钟内就会被抢完。建议可以在打折的时候提前关注好这些网站，然后对心仪的商品快速下手。

例如 Selfridges 的官网（www.selfridges.com），从 2014 年 4 月开始可以直邮中国，只需 4～7 个工作日就可以收货，国际运费默认为 25 英镑。网上下单时会自动减掉英国的产品附加税，加上国内海关关税，这对想要在国内体验 Boxing Day 和原装英伦时尚品牌的朋友来说，也是一大喜讯。

除了品牌百货官网，The Hut 也是在英国家喻户晓的电商，对标就是中国的京东、一号店。主营业务包括化妆品、娱乐用品、时尚用品、手袋、鞋履和礼品类。网站地址为：http://www.thehut.com/。

第三节　行

在英国读书或生活期间，如果不去欧洲大陆各国游历一番，未免是一种遗憾。英国和欧洲其他各国都有非常丰富的自然和人文旅行资源，你可以趁着周末和假期出行，那么有哪些方便可靠的出行工具呢？

火车

如果选择在英国国内城市出行，最方便和快捷的代步工具就是火车了。英国的火车班次很多，交通轨道基本上横跨了英国大大小小的城市和小镇。

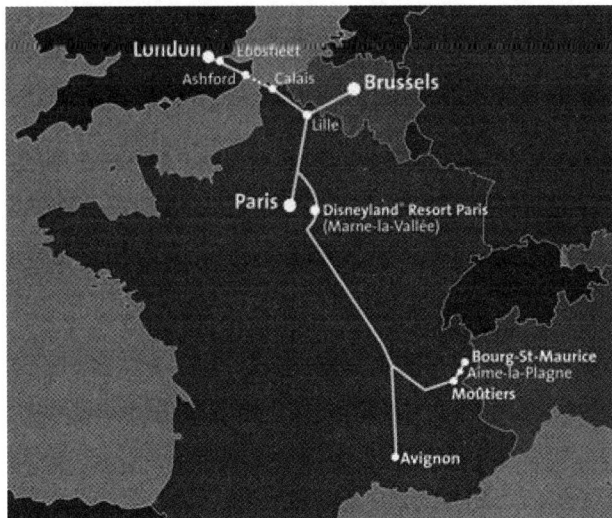

另外，不得不提的就是"欧洲之星（Eurostar）"。从英伦三岛到欧洲大陆，欧洲隧道连通法国的加来和英国的福克斯通，列车 24 小时全天候运营。

从伦敦开往巴黎、伦敦开往布鲁塞尔、伦敦开往里尔及伦敦开往加来的列车标准往返票价最低为 60 英镑,购买最低票价的车票须符合一定的条件并受到一些限制,如车票不可返还或交换,仅能在周末乘车,或者需提前一定天数订票。

一般来说,在 06:00 ~ 00:00 期间,每小时有 3 辆列车,在 00:00 ~ 06:00 期间,每小时有 2 辆列车。

火车票小 tips

如果是 16 ~ 25 岁,或者 25 岁以上的全日制学生,不妨到火车站办一张 Young Persons Card(青年火车打折卡),每一年是 30 英镑,可以享受所有火车票 1/3 的折扣。记得在出行的时候,带上打折卡,这样买的打折票才有效。

英国火车票比较贵,如果提前购买比临近日期或当日购买便宜很多。

英国火车票往返和单程差价不大,可以买不确定日期的往返票(Open Return Tickets),这样可以在一个月的时间内返程。

火车票可以在网上订购,然后去火车站直接取票,网上订购还可以选择预留座位,非常方便。

出行请记得提前查询列车时刻表,记好最后一班火车的时间,可以在 National Rail 的网站上或者下载其 App 在手机上查看。

如果是英国的法定节假日,如 Bank Holiday,火车时刻与平时不同,通常路程会更长,时间更久,班次也更少。

大巴

长途大巴虽然舒适感和速度不如火车,但胜在起始站往往就在市中心,班次多,且价格便宜。

大巴的小 tips

在 National express 及 Mega Bus 上面都能查到大巴的时间和价格，可以在上面直接订票。

和火车一样，提前预定可以买到优惠很多的票，Megabus 有时候可以买到 1 英镑的票。

很多时候，学生有 10% 的折扣。

一些大巴提供连夜的班次，甚至有床位，可以休息。

飞机

适合远距离出行，比如从伦敦飞北爱尔兰，或者从英国飞欧洲其他国家等，飞行时间短，价格较贵。当然，如果经常关注航空公司也能买到比较便宜的机票。欧洲也有很多小型的、廉价航空公司可以选择。

飞机的小 tips

提前去机场，留好安检和登机的时间。

机场大多都不在市中心，旅行的规划和行程要把这一点考虑进去。

女生出行的话，化妆品的规格都不能超过 100 毫升。

不要携带违禁物品。

自驾

如果自己有车，或者租一辆车旅行，在英国是非常方便的。当然，还取决于你居住或者要出行的地点。

例如，如果你住在伦敦、伯明翰、曼城等大城市，那么停车不是特别方便，而且停车费很贵。有些地方则非常适合驾车出行，如英国著名的旅行圣地康沃尔郡（Cornwall）、怀特岛（Isle of Wight）、湖区（Lake District）及峰区（Peak District）、苏格兰的高地等，这些地方都是非常适合驾车出行的。

地铁

在伦敦出行，最方便的还是地铁。伦敦是世界上第一个运行地铁的城市，世界上第一条地铁线在 1863 年正式开放。

乘坐伦敦的地铁，可以办一张牡蛎卡（Oyster Card），就是地铁充值卡，可以在地铁站现金或刷卡充值。伦敦的地铁站之间距离非常短，到达的地方非常广，按照不同的区域跨度收费。牡蛎卡可以用来买不同区域的月票（Monthly Card），也可以按照乘车的距离和次数单次收费（Pay as you go）。

地铁的小 tips

如果是学生的话，可以办一张学生牡蛎卡，会比普通的牡蛎卡优惠很多。

牡蛎卡每天都有收费的上限，当乘车超过一定金额的时候，就不再扣钱。

牡蛎卡还可以用来乘坐伦敦的公交车。

牡蛎卡里面的钱没使用完可以去地铁站退。

如果在伦敦，可以下载 City Mapper App，里面会把最快捷的地铁/公交路线及时发信息给你，包括一些地铁线的延迟或关闭等及时信息。

公交车

英国有着非常完善和庞大的公交车系统。一些城镇的公交车站都设立了防风防雨站台，供人们等车。通常，站台上面会有信息牌，信息牌会动态地显示下一辆车来的时间，非常方便。

公交车小tips
值得注意的是，伦敦公交车，已经不接收现金了，只接受牡蛎卡或其他的旅行卡。 其他的城市，都会接受现金，但是最好备好零钱，有些城市（如爱丁堡和伯明翰）是不找零钱的。 如果要在下一站下车，请在到站前按车上的Stop按钮，按下后会出现"滴"一下的铃声，这样做是让司机知道有人要下车

计程车

在伦敦有著名的黑色计程车，外表霸气，英伦范儿十足，值得体验。缺点是价格相对比较高。

除了黑色计程车，人们用的最多的是打车App，如优步（Uber）。打车App除了比较便宜外，还很方便。和国内的打车软件一样，可以在App上面对司机的服务进行打分，如果发现司机故意绕远路，还能在App上直接进行投诉并拿到赔偿。

Uber 覆盖的城市和地区很广，除了一些特别偏远的小地方外，英国城市镇上都有 Uber。

第四节　休闲娱乐与社交

Pub 文化

英国最受欢迎的休闲和社交场所就是酒吧（Pub）。与中国新兴的酒吧不同的是，去酒吧是英国的传统，是英国文化里面非常重要的部分。

很多酒吧是适合全家人一起去的，甚至有专门给孩子们玩的地方，还有专门为孩子提供的菜单（Kids Menu）。在英国，同事、朋友、家人在下班或周末的时候会一起去酒吧聊天、喝茶、喝酒、吃中餐或晚餐，有球赛的时候更是人满为患。

英国酒吧里面的人大多都很友好，你可以自由地站着或坐着和陌生人聊起来。不过要注意的是，和坐在餐桌旁边的陌生人聊天，是不礼貌的行为。

和人开始聊天的时候，请避免以："Hi，我是 XXX"为开场白。英国人不是很喜欢太直接的自我介绍，通常情况下，请以一个问题，或者评论开始是最自然的。聊天的内容可以是天气、正在喝的酒、镇上正在举行的活动、发生的事实等。

英国人在酒吧里面会用英式特别的幽默和智慧和你进行辩论，他们会自嘲，同时也会嘲笑别人，不过通常都是他们表示友好的方式，不用太当真。因此，如果想和英国人成为朋友，一定要学会自嘲和对这个国家的文化有所了解。

在酒吧里，点酒精饮料和非酒精饮料都是被推荐的。在英国，法定饮酒年龄是 18 岁，当然，很多亚洲朋友一般都长着一张更年轻的脸，所以去英国的酒吧喝酒时，请带上证明身份的 ID（护照、驾照、BRP 卡等）。

酒吧里面也可以点食物，具体食物要看酒吧的特色和当地人的喜好，如三明治、鱼和薯条、当日供应的时令汤（Soup of the day）等都有可能，周日的时候，很多酒吧常常供应周日烤肉（Sunday Roast）。

无尽的夜晚，不打烊的小酒馆

作者：Peter Davis

译者：Tiffany Zhong

在国际上，当人们联想到和英格兰有关的词汇，除了足球、阴雨天气之外，下一个应该就是著名的英国酒馆文化（English Pub culture）了。很多人会把 pub 和 bar 这两个词混淆，pub 是酒馆，bar 是酒吧。而英国著名的酒馆文化（English Pub Culture），指的是 pubs，千万不要与 bars 混淆。

相比于 pubs，bars 一般会更加时尚与华丽，因此去 bar 的顾客也更加年轻化。bars 里面通常会有音乐和鸡尾酒（Cocktail）。相反，英国的 pubs（酒馆），则更加安静，更加独特，每一个酒馆都有自己的特色，适合各种年龄段的人群。酒馆在英国的每个城镇中心都非常常见，但也常开在英国的乡村地区。有时候，你甚至可以在这些乡村的酒馆里面，找到被评为最棒的英式美食。

有些乡村酒馆，不是很容易找到，你需要开车或者让当地人告诉你具体的位置。译者就曾经开车前往英国著名的峰区（Peak District），在英国朋友的带领下，在荒山野岭的冬季开了半小时，最后来到一个叫 The Grouse 的酒馆。这个酒馆开在一座山上，周围除了美景之外，什么都没有，从外面看虽然普通，但食物真的超级好吃，太阳下山的时候坐在窗边看夕阳也是非常美的。

去酒馆的人一般以男性为主，但酒馆也是一个安静的老少皆宜的地方，适合喝几杯酒，吃点东西，和朋友们坐下来聊聊天。酒馆里面通常有桌球或者飞镖游戏可以玩，还有每周的常规竞赛活动，如竞赛之夜②（Quiz Night）和卡拉 OK，通常人们都会非常认真、积极地参加这些比赛和游戏。

英格兰最不缺的就是土豆和酒，通常一个小的地方能有好几个酒馆，所以根据你住的地方，选择你最喜欢的酒馆（通常人们把这种酒馆称为"我的当地酒馆"my local pubs）就成为了一个很难的选择。

根据"争取散装啤酒运动"协会（Campaign for Real Ale）的统计，英国有超过 52 000 个酒馆。英国酒馆文化特别有趣的一部分是酒馆的名字，有些名字非常普遍，有些却非常奇特。在英国最常见的酒馆名字是"红狮"（Red Lion），有 900 多个酒馆叫这个名字，紧随其后的是有超过 800 个酒馆叫"皇冠"（The Crown），最后是"皇家橡树"（Royal Oak），也有接近 800 个酒馆。英格兰还有一些非常奇特的酒馆名，比如我最喜欢的一些是：位于朴茨茅斯的"快乐的纳税人"（The Jolly Taxpayer），位于德文郡的"无人酒店"（The Nobody Inn），位于赫里福德的"一把胡萝卜"（Bunch of Carrots），位于巴克斯顿的"安静的女人"（The Quiet Woman，位于伦敦的"我是唯一一个跑步的步兵"（I am the only running footman），位于林肯郡的"我父亲的胡子"（My Fathers Moustache），以及位于康沃尔的"一桶血"（The bucket of Blood）。

当然，英国酒馆里最重要的元素是啤酒，不，我们不是在谈青岛或燕京。在过去的几年里，酒馆每年销售的酒量超过了 330 万桶，在英国，酒是一个巨大的产业。在英国的 bars 里，你买到更多的是拉格啤酒（Lagers），而在酒馆里，你买到更多的是英国人所谓的"真正的艾尔啤酒"（Real Ale）。

艾尔啤酒在英国本身就是一个非常大的话题。近年来，随着人们尝试不同的成分，包括水果、香料，甚至烹饪原料，艾尔啤酒已经变得非常具有实

---

② 译者注："竞赛之夜"是英国酒馆里面常见的、非常受欢迎的活动，一般以分组进行比赛，竞赛问题大多涉及影视、音乐、常识、运动、历史、新闻等，以历史题材为多，回答问题正确最多的组胜出，通常会有现金或消费券等奖品。

验性，这就是为什么关于什么是"真正的艾尔啤酒③"的争论毫无止境的原因。因此，即使避开那些高级的淡味道的拉格啤酒，总有一款艾尔啤酒会非常适合你的味蕾的。

酒馆里面有的不仅仅是啤酒！谈到吃，如果你选择在市中心吃饭，一般是在连锁酒馆，比如著名的韦瑟斯庞（Whetherspoon）或者其他类似的酒馆。你可能会吃惊地发现原来人们去 pubs 里面不仅仅是喝酒，还可能会找到最棒的美食。在 2017 年知名的旅行网站 Trip Advisor（猫途鹰）发布了"欧洲最棒的餐厅"列表（根据过去 12 个月网站上面人们点评的餐厅），排名第一的是位于英国奥德斯德（Oldstead）的"黑天鹅"（The Black Swan）餐厅。黑天鹅餐厅是一个非常棒的英格兰乡村餐厅，把其他高级的法餐和意大利餐厅都比下去了。

你不会喜欢和英国人参与到一场有关"英格兰最古老的酒馆"的辩论中，因为答案实在太多，谁也不服谁。比如位于博尔顿的"老人与镰刀"（Ye Olde Man and Scythe's）建于 1251 年，位于诺维奇的"亚当和夏娃"（Adam and Eve）建于 1249 年，位于伦敦的"白色的牡鹿酒店"（White Hart Inn）建于 1216 年，位于诺丁汉的"旧的耶路撒冷之旅"（Ye Olde Trip to Jerusalem）建于 1189 年，位于比肯斯非得的"英格兰皇家标准"（Royal Standard of England）建于 1086 年，位于丽兹的"彬格利手臂"（The Bingley Arms）建于 1953 年，位于切尔滕汉的"门廊屋"（Porch House）建于 1947 年。

最终，位于圣奥尔比斯，建于 1793 年的"老的战斗公鸡"（Ye Olde Fighting Cocks）被官方认为是英国最古老的酒馆。当然，位于剑桥郡的"老渡船"（Old

③ 译者注：啤酒总体分为 Lager（拉格）类和 Ale（艾尔）类。两者的区别在于，lager 类的酵母喜欢呆在麦汁的底部发酵，希望能在相对凉爽的环境里发酵（10°~15°），发酵出来的麦香味重些，酒精度相对偏低；Ale 类的酵母喜欢在麦汁的上部发酵，喜欢温暖的发酵环境（15℃~23℃），善于发酵出果香味和酯香味，发酵出来的酒精度也相对偏高。Ale 类的啤酒发酵速度快，有的只需要两周就可以成酒。

Ferryboat）可能会挑战这一说法，因为他们有证据表明，早在 1560 年就开始销售酒了。关于谁最古老的争论会永远进行下去，唯一不变的就是他们都属于英国。

面对兼具数量与底蕴的英国酒馆，选择权在你手中：你可以选择不同的美食，选择酒馆独一无二的风格，选择环境或地点，有的可能离家很近，有的可能离家很远，最后你可以选择和你一起去酒馆的人。总之，英国的酒馆是一种非常有趣的文化探索，整个环境都非常轻松，不必太受拘束，大胆尝试。

咖啡厅、茶屋

咖啡厅和在"吃"一节提到的茶屋也是最常见的社交场所。不同于中国，对想认识和了解的朋友或想要建立自己的人脉，总是想约对方吃饭。在英国，吃饭，尤其是晚餐，被看作是一件比较亲密的事情，只有和想要约会的对象，或者和对方已经比较熟悉的情况下，比如家人、朋友和关系比较好的同事，才会约对方出来吃饭。大多数情况下，都是约喝咖啡。

所以，如果在英国想要扩大人脉而不是约会的话，最好是约喝咖啡或喝茶。

电影院

英国有很多的连锁电影院和独立电影院，有学生证的话，可以买到更便宜的学生票。如果平时经常看电影，不妨办一张年卡，年卡按照每月收费（通常相当于看了 2 或 3 次），可以去看无限次的电影（具体条例请参照不同的电影院），非常适合电影发烧友。

近几年，比较有影响力的中国电影也会和国内差不多时间在伦敦上映。如果你住在伦敦，还可以多关注电影首映礼，可以看到很多好莱坞明星走红毯。每年 2 月份，是英国电影和电视艺术学院奖的颁奖典礼（British Academy of Film and Television Arts，BAFTA，相当于英国的奥斯卡），也在伦敦举行。

在英国看电影是一种怎样的体验?

作者：林世钧

伦敦电影学院导演专业在读硕士

电影在英国人心目中的地位，不仅仅是一种消遣，更是一种文化。就像世界各地都有酒，唯独英国的 Pub 让人"醉"，在这里看电影，也是别样的体验。

英国，尤其是伦敦，电影院遍地都是。著名的皮卡迪利广场周边，不到一平方公里的区域里，就散布着大大小小等十几个电影院。每个电影院一般都有一个大厅，2 或 3 个小厅，以确保能够灵活排片。热门的影片海报会被贴在影院外边，在地铁站和公交车上，你也总能看到在映或者即将上映的影片海报。

相比国内，英国电影院的影厅设计感会更强一些，且更为人性化，座椅和行距很有讲究，不用担心个子矮而前排的人太高，以至于无法看到整个银幕，坐在影厅的每一个角落，你都可以看得清清楚楚。音效上，英国电影院放映分贝上限为 85 分贝，一般的对白和场景声效为 70~80 分贝，所有电影院都严格遵守这个行业规定，并努力为观众营造最好的观影氛围。

在票价上，英国电影院不会有很大的优惠，一般电影院票价为 12 或 13 英镑，学生、老人及青少年儿童会有优惠，一张电影票便宜 1 或 2 英镑。要说优惠，最大应该算是院线的无限制观影卡了。举个例子，英国著名的 Cineworld 院线，包月方式叫作 Unlimited Cinecard，17.99 英镑一个月，可以在他们旗下影院无限次数观影，还可以送朋友电影票。当然，几乎每一个院线都有类似的优惠活动。

（1）院线商业电影

在选片上，国内看豆瓣，国外看 IMDB（Internet Movie Data Base）。打开 IMDB 收到定位，就可以查看你附近上映的影片，还可以看到每一部影片的预告、主演、影评人/影迷评分、影评等，确定后，直接在上面订票就可以了。

英国电影院的购票大厅非常简单，售票窗口兼卖品处。值得注意的是，购票大厅的显示屏，从来不会放已经上映影片的预告，而都是定档半个月乃至一个月之后的影片。相比之下，国内的电影院放映的预告片都是正在上映的电影。原因在于，英国的电影院都是相对独立的一幢建筑，人们走进影院的目的就是看自己喜欢的电影，并且大部分人在进去之前，心里就清楚自己要看什么了；而中国的电影院发展史和美国更为相似，影院依附于购物商场之内，商场内逛街的人们逛到影院门口，看到了感兴趣的预告，才会买票观看。

电影院外景

在我看来，英国电影院有着一流的观影体验。一是观众素质较高，不会有人大声喧哗，更没有人吃东西，或者发出奇怪的声音与味道。然后就是没有字幕，英语片大部分不会有字幕，少部分场次可能会有，以 IMDB 的放映信息为准。没有字幕的干扰，你的注意力会更为集中地放在画面上，表演的细节、场景的布置、灯光和色彩会更加直观地呈现在眼前，让人能更好地进入电影。从声音、画面到座椅，这一切都是为了大家能够有更愉悦的观影体验。当然，唯一需要吐槽的就是广告太长了，有将近 20 分钟，不过这也意味着，我们可以迟到 15 分钟入场。不过切记，在正片放映前入场是基本的观影礼仪，没有人愿意在影片开始后，还看到人头耸动的投影，这点在国内观影时会经常出现。

（2）非商业电影

在英国，有其他几种方式能够了解到一些非商业电影，比如英国艺术电影的龙头 BFI（British Film Institute）。BFI 并不是一个类似于电影研究所机构，而是一个促进英国电影发展的非营利性组织。

BFI 电影院放映厅

与商业院线不同，BFI 的放映，每次有一个专题，比如某两个月主要是放映某位大导演的作品。以 2017 年举例，2、3 月份是放映马丁·斯科塞斯导演的电影，4、5 月份则是德国电影新浪潮领军人物法斯宾德导演的电影。

除了导演专题外，BFI 还会放映一些黑白或彩色的胶片电影，也就是我们常说的老电影，题材丰富，从歌舞片到一些 cult 片（邪典电影）。这些电影对于普通观众来说，也许有一定门槛，因此，BFI 会印刷图片讲解单，放在影厅入口供人取阅。

此外，BFI 还会放映一些纪录片和自己投资的片子，比如我之前看过的《潜龙之殇 Tricks on the Dead》，讲述一战时期的一群中国人，在欧洲战场为英国和法国军队当工人的故事，以及《Their Finest》，一部讲述二战时期英国女性电影人的故事。这些电影，通常因为缺少商业属性，而在商业院线寥寥无几，BFI 提供了这样一个平台，并为之配备效果俱佳的影厅，相比于国内独立电影、纪录片的处境，这是十分幸运的。

（3）怎么才能去 BFI 看电影呢

虽然总体上与一般电影院一样，但是作为一个公益性质的机构，BFI 有着更为吸引人的优惠活动。凡是 25 岁以下的观众，只需要 3 英镑，就可以看任何 BFI 的非 IMAX 电影。此外，还有针对孩子和老年人的优惠，以及交上一笔 40 英镑会费就能够一年内每张票减去 2 英镑的活动。对于在英国学习电影制作的同学来说（此处特指伦敦电影学院的学生），还可以无限次凭学生证免费看 BFI 的非 IMAX 电影。

BFI 的影院不仅仅有电影放映厅，还有电影相关的书籍、DVD 售卖，这些都是一些在市面上难以买到的精品。以我国的影片举例，《神女》《渔光曲》等影片，到《英雄》《十面埋伏》和《刺客聂隐娘》，都能够在 BFI 的商店找到。此外，还有电影原声黑胶唱片，几乎是电影爱好者的天堂了。如果去 BFI 的 IMAX 观看电影，还会送一张电影海报。

总体来说，在英国看电影是一件令人感到很惬意的事情。如果能够来到英国游玩，试着在英国看一场电影，一定会有难忘的体验。

公园和户外活动

英国有很多非常美的公园和绿色区域可以逛，景色和空气都非常好，随便拍一张照片都自带滤镜感。

在英国，草坪是供人们休息和玩耍的。天气好的时候，你会看到英国人在公园的草地上野餐、晒太阳、烧烤、看书或休息。很多年轻人，也会选择登山或骑自行车去探险。

体育赛事

英国人最常观看的比赛是足球、橄榄球、板球和网球。足球，以英超为代表，又是最受欢迎的比赛之一。

想去观看比赛的同学们，需要提前看好赛事安排，到官网买票预定，提前安排好行程并提前到现场。

去看比赛的时候，一定要注意安全。很多情况下，比赛输掉的队伍的粉丝在酒精的作用下，情绪会非常高涨，如果路上遇到这些人，一定要尽量避开，不要与其发生争执和冲突，确保人身和财产安全。

英国足球文化及看球攻略

作者：Peter Davis
资深媒体人，长期为 BBC、天空体育、半岛电视台供稿
曾在中国从事国际教育工作，期间跟进报道中国足球现状

为什么足球在英国如此盛行？因为这是一项简单易行的运动，一个足球，一些朋友，外加书包和衣服堆叠起来的"球门"，就可以开踢了。在英国，在保证安全的前提下，无论年龄、性别，你可以在任何地方踢球。

作为现代足球的发源地，在英国看球赛，就像是去慕尼黑喝啤酒、在意大利吃披萨那样稀松平常，并且原汁原味。

根据史料记载，早在 1170 年，足球这项运动就已经在英国初具雏形了，但英国的第一支足球队，却在几百年后才出现。由 FIFA（国际足联）认证的世界上最古老的职业足球队，是谢菲尔德足球俱乐部（Sheffield F.C. 1857），这支球队在 1885 年的英国足球职业化后逐渐淡出主流联赛，并在 1889 年由谢菲尔德联队（Sheffield United F.C. 1889）取而代之。谢菲尔德，同样是世界上最早的足球赛事的举办城市。1857 年，这里举办了优丹杯（Youdan Cup），由十二支谢菲尔德的当地球队互相角逐。优丹杯比现在声名远扬的足总杯（F.A. Cup，现存最古老的职业足球赛事，始于 1863 年）还要早 6 年。

现存最古老的球队则是诺茨郡队（Notts County，1862），他们如今征战于第三级别联赛英甲。然后是诺丁汉森林（Nottingham Forest，1865）、谢周三（Sheffield Wednesday，1867）和斯托克城（Stoke City，1863）。紧接着，一批耳熟能详的名字出现在了英国的各个地区，比如曼联（Manchester United，1878）、利物浦（Liverpool，1892）及切尔西（Chelsea，1905）。

经过上百年的发展，如今英国足球联赛的构成相当复杂，有职业和半职业的，相当于一个联盟金字塔。主要有九个等级的联赛，前四个级别是职业联赛（英超、英冠、英甲和英乙），后面的级别则还要细分。总的来说，现在整个英国有超过 5000 支球队在踢着属于自己的联赛，既有曼联这样的顶级豪门，也有联曼（FC United，由曼联死忠组建，初衷是为了反对曼联被卖给美国资本）这样征战在南北分支联赛的半职业球队。

英国的足球氛围之浓厚，再小的球队可能都拥有上百年的历史和一批本地的忠实拥趸，他们大都是携家带口，可能爷爷就在几十年前支持这种球队了。他们不会羡慕曼联阿森纳这样的豪门球迷，只要自己的球队能踢一场好球，就能乐呵呵地唱起歌来。英国球迷唱的歌也很有讲究，英文叫 chant，球队有球队的 chant，还有嘲笑 diss 对手的 chant，以及球员的专属 chant。

比如曼联球星鲁尼（现已重返埃弗顿）的专属 chant:

"我有一天见到了我哥们儿，他说他看到了白贝利，谁这么牛逼？当然是鲁尼！"

（"I saw my mate the other day, he said he saw the white Pele, so I asked, who is he? He goes by the name of Wayne Rooney"。）

即使当天输球了，乐观的球迷也会高唱着 chant 离场，歌声旋绕球场，歌声伴随着比赛，一直到终场哨声响起，这是英国球迷文化里非常有趣的一点。

一直以来，一些朋友会对英国球迷有个很大的误解，就是"足球流氓"，好像英国球迷已经和这个词划上了等号。20 世纪 80 年代末的海瑟尔惨案和希斯堡惨案的确让人悲痛和遗憾，但随着反种族歧视、反暴力、反辱骂等思潮的深入人心，以及看台禁酒令的颁布，再加上球票越来越贵、球场安保监控质量的日益提升，"足球流氓"在英国几乎已经没有容身之所了。而像老特拉福德（曼联主场）、酋长球场（阿森纳球场）、安菲尔德（利物浦）这样的球场，同时也是城市地标和旅游景点，安全系数都相当高。

总的来说，英国球迷还是最专注于比赛本身的那一种球迷，他们投入其中，甚至会观察教练的战术部署和人员调整，并对竞技体育精神有着极高的尊重，有时他们会对表现出色的对手报以掌声，比如 2003 年欧冠皇马对阵曼联，当打进三球的罗纳尔多下场时，老特拉福德掌声如潮。而这些可爱的球迷们，有时也会为了自己支持的球队，驱车 300 英里去客场看一场比赛，或者跟随主队远征到别的欧洲国家，观看欧冠或欧联，无论周中还是周末。

近些年来，尽管金元足球席卷欧洲，但英国球迷的文化传统依然保留在这大大小小的 5000 多支球队里，就像他们的专属队刊那样，火热非常。你可以在上面看到关于这支球队的信息，比如战术分析或球员采访，球迷也可以在队刊上发表球评。除了队刊，还可以在球场外买到球队主题的球衣、围巾与徽章，以及由球队图案包装的小吃热饮。所有这一切都足以证明，足球在英国人心中的地位。来英国，一定不要错过一场精彩的球赛。

那么，该如何在英国现场观战一场足球比赛呢？以英超为例，一般比赛的球票都要在俱乐部的官网订购，并且需要注册俱乐部会员，现场买票的对象都是黄牛，价格翻几倍不说，还容易买到假票。

大多数球队的会员申请需要二三十英镑，阿森纳队好像是全英超最贵的会员，需 39 英镑。成为俱乐部会员后，就可以查看比赛购票了。以曼联官网为例，选择 Match Tickets 即可，Season Tickets 是季票，一般只有高级会员才有资格购买，相当于一整个赛季是主场球票，有固定位置，还可以像传家宝似的传给后人。

Hospitality 相当于比赛日套餐，比普通球票贵一些，增加了接送、参观、小吃提供等服务，有的活动还安排了与球员见面。想要现场观战，最好提前几个星期买票，不然好的位置就没有了，少数冷门比赛，在票卖不完的情况下，官网才会开放非会员购票。

除了官网，一些英超球赛代理网站也是购票途径之一，比如 https://www.viagogo.co.uk，此类网站一定要细心查看，因为它们也只是搭建了一个平台，相当于票务转让，只不过要比黄牛靠谱些，但价格还是一样高好几倍。

买了票之后，一般会寄到家中而不是现场取票，球票是实名制的，但也可以给其他朋友使用。进场之后，激动之余，也一定要注意安全。最后，如果要穿球衣，一定要穿主队的球衣，千万别犯这种傻：一个身穿利物浦球衣的人坐在曼联球迷中间，虽然都是红色，但氛围可不一样……好好享受比赛吧。

第五节　安全注意事项及个人权益保护

英国的治安在欧洲各国算是良好的，但是即使再好的治安，都会有意外事件发生。留学生一个人出门在外，在任何情况下都要注意安全，保护自己。

在英国小镇要比大城市安全，大城市像伦敦、伯明翰和曼城的安全情况，取决于你居住和出行的区域。

一些有用的电话号码

999

英国的紧急报警电话是 999，是警察、火警和救护车等为一体的电话，相当于国内的 110、119 和 120。如果发生紧急情况（有生命危险或者受重伤和病危的时候），比如正在目睹犯罪过程、被抢劫了、家里着火了、感觉自己正在被人跟踪、有继续救助的病人（晕倒或心脏病突发等）等，都可以拨打这个号码。

55

另一个非常有用的号码，很少有人知道，是 55。很多情况下，如果你拨打 999，在电话里面没有说话，会被警方误认为拨错或者没有紧急的事情。而 55 这个号码，是如果你在紧急的情况下，能够打紧急电话，但是不能说话，例如，如果说话会被人发现对你不利，在这种情况下，拨打 55，英国警察会进一步调查。

111

这个电话是你或其他人有紧急的医疗协助但不涉及生命危险的时候可以拨打的电话号码。例如：

❖ 认为你需要到医院；

❖ 不知道应打电话到何处寻求医疗协助；

❖ 没有家庭医生（GP）可供致电求助；

❖ 需要医疗指导以确知或确定接着应怎样做。

如果不是紧急的医疗需求，可以打这个电话，全年 24 小时都开通，并提供普通话和广东话翻译服务。

101

这个是英国的非紧急报警电话，也就是 999 的非紧急版本。以下情况是可以拨打 101 的：

❖ 发现家里的车被盗了；

❖ 进家门发现失窃了；

❖ 邻居在贩卖毒品；

❖ 看见路上交通拥堵到瘫痪；

❖ 向警方提供一些犯罪分子的线索（如小偷）;

❖ 向警方询问一些安全信息等。

出门在外的安全事项

（1）出行交通安全

❖ 英国是左边开车的国家，交通规则有很多与中国和美国都不同，请严格遵守英国的交通规则。

❖ 出门的时候，提前查好行程。如果你走路的时候看上去很迷茫，犯罪分子最喜欢从迷失的路人里下手。

❖ 过马路的时候，请按马路边的路人按钮，并跟进地面上的标记，注意你是要看左边还是右边。

❖ 只使用正规注册的出租车。

❖ 尽量避免晚上一个人出行。

❖ 走路的时候不要戴耳机，耳机会让你对周围的事物降低警惕感。

❖ 晚上不要一个人走地下通道，宁愿绕远一些从路面上走过。

❖ 走路的时候不要打电话或者玩手机。

❖ 注意一下火车和公交的最后一班时间。

❖ 尽量在光线好和有人的地方等车。

❖ 停车的时候，把车里的重要物品全都藏到后备箱里，这样不会吸引小偷。

❖ 下车的时候要检查自己的物品是否齐全。

（2）餐厅和酒吧安全

❖ 不要接受陌生人的饮料。

❖ 不要把个人物品放在显眼的地方，可以放在桌子底下。

❖ 钱包和手包要放在贴近自己的地方。

❖ 在不使用的时候，不要显露自己的手机、电脑、随身听、相机等其他贵重物品，把物品藏起来，放好。

❖ 去厕所的时候请带上个人物品或者请朋友看管。

❖ 不要随便让陌生人看管行李物品。

❖ 晚上回家的时候发信息或打电话查看一下朋友是否安全到家。

❖ 记好手机、电脑等电子产品的序列号。一旦失窃，要拨打101报警，并向警方提供失窃物品信息和序列号，同时要立刻通知你的手机供应商。

❖ 不要在酒吧和人发生冲突。

（2）网络安全

❖ 不要随便在网上透露你的个人信息、邮箱、电话、地址等。

❖ 只在可信赖的网站上购物,安全的网站转到付款页面的时候一定是以 Https 开头的。

❖ 尊重其他人的观点, 既使不同意别人的观点, 也没必要粗鲁地对待。

❖ 了解最新的网上诈骗手段。

❖ 不要随意与网友见面,要告诉朋友和家人你的去向。

❖ 要记住,网上看到的不一定是真实的人或者事。

❖ 不要随便点击陌生的链接。

个人权益保护及相关的法律法规

在英国,如果遇到了侵权的事件,一定要向学校、中国学联、警察、领事馆、银行、法律机构等报告事件并寻求帮助。很多学校专门聘请了为学生服务的律师,学生基本上不用花钱,就可以享受到律师的服务。

很多留学生不知道如何维权,或者觉得麻烦,程序复杂,耗时间,就选择沉默或者放弃维权。其实英国的法律维权系统很健全,很多机构都会提供很好的帮助。

除了寻求正规的帮助外,以下相关网站也值得了解,这样在遇到了类似事情的时候,可以上网寻求帮助,并知道自己的权利和义务在哪里。

❖ 人身安全: 被抢劫的过程中遭受殴打,极个别人遭受严重的人身侵犯,遭受歧视及侮辱等。

网址: https://www.police.uk/crime-prevention-advice/。

❖ 财产安全: 包括钱包和手机被偷/被抢、遭遇入室盗窃及抢劫、信用卡被盗刷、电话及网络诈骗等。

网址: https://www.gov.uk/browse/justice/reporting-crimes-compensation。

❖ 房东不退还押金。

网址：https://www.gov.uk/tenancy-deposit-protection/overview。

❖ 种族歧视。

网址：http://www.cps.gov.uk/legal/p_to_r/racist_and_religious_crime/。

❖ 消费者权益。

网址：http://www.adviceguide.org.uk/consumer_e.htm;

http://www.which.co.uk。

第八章／CHAPTER EIGHT

留英工作&学成归国

捌

　　吃喝玩乐在英国固然精彩，但毕竟不是生活的主旋律，在英国学习期间，有个问题会一直困扰着很多同学：究竟是回国工作还是在英国尝试找工作？

　　很多人可能在留学之前，铁了心是要毕业回国的，但在海外的时候，看到了更广阔的世界与更新奇的东西，加上部分同学又开始在英国找工作，就开始纠结自己的选择。本章将会帮你梳理出留英与回国工作的优劣对比，如果你想试试留在英国，第二节笔者则会手把手教你如何在英国找一份称心的工作；如果你想回国，第三节的《留学归国人员证明》和学历认证也是不可忽略的信息。

第一节　是留还是走

（1）留英的优劣

英国作为老牌帝国，经济发达，商业体系健全。很多行业和公司都走在世界的前列，并有优质的社会福利。你可以选择就职的热门行业如会计、投行/证券、咨询、商业银行、媒体、广告、公关、房地产、生物制药、航空、科技、医疗、能源、汽车、法律等。在英国，你不仅能学习和巩固英文，开拓国际化视野，还能接触到欧洲的商业文化知识，以及西方先进的培训和管理理念。

同时，英国给毕业生的起薪一般都在 20 000 英镑以上，在英国工作几年，就能把留学时候的学费和生活费赚回来。另外，英国的自然环境很好，优良的空气质量、人文环境及丰富的旅行资源，都很适合定居。

当然，这需要你付出极大的努力。英国自从 2012 年 4 月起正式取消了 PSW（Post Study Work）签证，即"毕业后留学生可获得 2 年工作签证"的政策。现在留学生必须在学生签证到期前找到一份年薪有 20 000 英镑以上的工作，而且需要根据雇主开出的担保信，以担保工作时间来发放相应时长的工作签证。想要留在英国工作的学生，必须提前进行职业规划和申请工作。

在求职过程中，很多留学生会因为语言问题遇到各种门槛。即使留学的时候要求有一定的语言成绩，在学校里面也用英文学习和交流，但是要在职场上真正灵活地运用英文，还是有较大的差距。

还有就是文化差异，英国的职场文化和一般中国学生所熟悉的文化有很大的不同，尤其是在社交礼节方面以及工作流程和沟通方式上。比如在中国，如果想扩充人脉，一般会非正式地和对方出来吃饭谈，但是在英国，一般都是喝咖啡，并需要提前很久预约对方的时间。

最后，不得不承认的就是，很多华人在英国工作多年后仍然会碰到晋升的瓶颈，主要原因还是语言、文化的差异，并且不能很好地融入当地人的社会，建立有效的人脉也更困难。

（2）学成归国

留学生回到国内，其学历还有海外留学的视野是很多企业所看中的。我们国家地大，城市众多，因此国内提供给毕业生的工作机会比英国要多很多。海归回到国内有更广阔的发展空间。

加上没有语言、文化的障碍，绝大多数中国学生更能适应由校园到职场的转化，工作起来不陌生也很快容易上手。在职场方面，也更容易交到在事业和生活上志同道合，在关键时刻能够帮助你的朋友。

再有一点，就是家庭因素。即使选择北上广深工作，回家探望父母都很方便。很多父母也都不希望孩子离家太远，这样如果有紧急的事情，可以立刻得到帮助。

当然，国内提供的岗位虽然多，但是因为人口众多，竞争也很激烈。从2014 年开始，每年有 700 多万毕业生，加上每年留学归国人数都达到 40 万左右，每一个给毕业生的岗位都有好几百人在竞争。

此外，很多大公司的管理培训生项目（以下简称管培生项目），都是在毕业前一年 9 月份在国内进行校招的，而很多还在英国上学的同学，都不会提前开始投递国内的简历，因此往往会错过应届生招聘的机会。相较于在国内读书的同学——可以近距离沟通和了解求职信息，且很多工作机会可以靠积累的人脉进行引荐获得，而在英国留学几年后回国，可能会对国内的就业形势有些陌生，并且一时半会儿难以适应。

最后，不管选择留在英国还是回国内就业，都需要个人大量的努力和付出。每一个工作 Offer 都需要投入足够的精力和时间进行申请和准备。就像很多世界 500 强 HR 所说的那样"求职本身就是一个全职工作"（Job hunting is a full time job!）。

在这里给想要拿到好工作 offer 同学的建议是：清晰明确你的职业目标，提前做好准备，主动关注求职信息，并充分了解并且挖掘自己的优势和劣势，了解目标公司的需求并对应找出自己身上的亮点，充分准备网申和面试，积极寻找专业帮助，不轻易放弃。

接下来，笔者要手把手教大家如何在英国找工作，以及回国办理学历认证。

第二节　如何在英国找全职和实习工作

首先我们先来看一看，英国哪些行业提供全职和实习就业机会，主要有投行、会计事务所、房地产、法律、管理、咨询、IT 信息技术服务、公关、制药、汽车、航空、科技、医疗、传媒、市场、能源、电影等。

本科毕业生或者研究生毕业生申请英国全职工作，首先要了解 Graduate Scheme，国内称之为毕业生计划/管理培训生计划，简称管培生计划，都是指 Graduate Scheme。

全职工作：毕业生计划/管理培训生计划

（1）什么是 Graduate Scheme

Graduate Scheme（GS，管理培训生），很多来向笔者咨询求职的同学，从字面上理解，往往以为管理培训生仅仅是一个培训项目。"管培生"，由于带一个"生"字，很多人以为仅是以学生的身份进入公司，其实不然。

管培生是国际大公司，尤其是世界 500 强公司，提供给毕业生的一份正式的工作机会，很多知名公司把他们的管培生计划命名为"未来领袖计划"（Future Leader Program），就是希望通过这个项目，培养未来能作为公司中高层管理者的人才，是一个非常快的职业晋升渠道。最快的能够在项目结束的 2~3 年里成为公司的管理者，也就是经理级别（Manager）。

管培生在英国的平均起始年薪一般是 25 000 英镑，项目时间为期 2～3 年。拿到管理培训生的 offer 后，公司会让管培生一边在公司工作，一边接受公司最系统和正规的培训，这是一个非常难得和宝贵的职业机会。所以，管培生不仅仅是公司的员工，还是公司投入最大，也是最重视的人才之一。

公司会出资让管培生去学习并通过行业里的职业公会的认证考试，拿到相关的职业资格证书（Professional Qualifications）。比如会计行业里面需要通过ACA（Association of Chartered Accountants）英国皇家特许会计师的考试，市场营销工作需要通过CIM（Charted Institute of Marketing）英国特许营销协会认证的考试。

这些从业资格证，多数是在国际上得到认可的。有了从业资格证之后，不仅工资会翻倍上涨，也等于有了找下一个工作的敲门砖，可以到认可该职业公会的机构找工作了。所以，管理培训生项目虽然申请竞争很激烈，但是只要一旦完成3年的项目，把职业资格证书拿到手，想要继续在这个公司工作或跳槽去该行业里面任意的公司，都会变得非常容易。管培生项目结束后，一般都会成为这个行业里雇主争相竞争的人才。

粗略统计，一个英国公司培养一个管培生三年里面的投入，除去管培生的工资，至少需要50 000~120 000英镑。管培生不仅可以享受到和公司顶级专家一起工作的优待，还可以接触到很多全球或跨国的工作项目和培训，有非常直观的职业普生道路，是刚入职场时一个非常难得的机会，因此竞争也非常激烈。

（2）申请管培生的资格

本科毕业生和研究生毕业生都可以申请，在英国申请管培生有一个优势：即使不是应届毕业生，毕业工作后3年内甚至5年，都可以申请。笔者曾培训过一个年龄最大的毕业生，是之前在国内读本科，工作几年后出国读书，再申请英国这边的管理培训生，拿到offer并入职的时候已经32岁了。

一般的管培生会对本科成绩和高中成绩有要求，每个公司的具体岗位要求都不一样，可参照公司招聘网站上的要求，看是否有资格申请。比如，绝大多数公司要求本科拿到2:1的学位（如果是在英国大学读本科，则要求平均分在60分以上；在国内读的本科，则要求平均分在80分以上），但是也有公司接受2:2学位的学生，比如Lloyds银行、Amazon（亚马逊）等。英国公司对研究生成绩则没有硬性要求。

具体的要求请参照每个公司网站上面对于不同职位的要求。需要注意的是，即使大多数公司要求本科拿到 2:1 的学位，但还是有很多公司接收 2:2 的学位的毕业生。所以 2:2 学位的毕业生也不用灰心，表 8-1 给出了部分接收 2:2 学位的公司列表。

表 8-1　部分接受 2:2 学位毕业生的公司

Company Name（公司名）	Specific schemes that accepted 2.2 applications（接受 2:2 学位申请的具体计划）
Amey	Pathways Programme
Apple	Store Leader Programme
Army	Selected roles
BBC	Some schemes don't require a university degree
B&Q	Retail Management
Boots	Selected programmes such as Finance
Civil Service Fast Stream	Selected schemes including HR
Deutsche Bank　（Birmingham）	Train to Hire Scheme
Enterprise Rent a car	Management Programme
First Group	Operations roles
Google	Selected programmes
Gist	Accelerated graduate scheme
HMRC	Tax
Jaguar Land Rover	Selected programmes
John Lewis Partnership	Retail Management
Kerry Group	Selected programmes
Lidl	Selected programmes
Mazars	Public Sector Internal Audit – IIA programme
Met Police	Graduate Development Programme
RWE Npower	Selected Programmes, not Quantitive Risk
National Grid	Selected Programmes dependent on degree subject
Nestle	Sales，IT and other programmes

（续表）

Company Name（公司名）	Specific schemes that accepted 2.2 applications（接受 2:2 学位申请的具体计划）
P&G	Selected programmes
RAF	Multiple programmes
Royal Navy	Multiple programmes
Sky	Software Engineering
Siemens	Multiple programmes
Stagecoach	UK Bus Graduate Programme
UK Power Networks	All programmes, degree subject dependent

数据来源：http://www.graddiary.com/careers-advice/2-2-applications-options-companies/

（3）管培生什么时候申请

职位很多全年开放，大多数公司会集中提前一年，8～12 月份进行招聘。

（4）管培生项目对专业背景的要求

大部门管培生项目，不限制学生专业是否对口，比如会计、金融商科等行业都不限制背景。有一些技术性要求很强的行业是有背景要求的，比如工程类、生物制药类等，可查看公司岗位信息里面具体对每一个职位要求的描述。

实习机会：暑期实习

跨国公司的暑期实习（Summer Internship）在给大二升大三，或者大三升研究生前的暑假。很多公司要求实习结束的时候，学生必须还有至少一年的学年，才能够申请。

暑期实习一般是 6～8 月份进行，维持 4～12 周的项目，是一个去尝试不同行业和公司的机会。暑期实习可以丰富学生的 CV（简历），也可以利用这个机会进行行业试水，探测自己是否喜欢及适合这种类型的工作。

暑期实习不仅可以增强职场技能，还可以积累人脉。暑期实习结束时，如果表现良好，公司会发 Return offer（转正 Offer），就是可以拿到全职工作机会。这样在实习结束的时候，就可以继续回学校安心的上学，等毕业之后直接去公司工作。

（1）暑期实习什么时候申请

与管培生项目一样，需要提前至少半年申请。每年的 12 月至第二年的 3 月份，都是暑期实习的招聘高峰。

（2）暑期实习和一般实习的区别

暑期实习是由知名的跨国公司每年都要进行系统招聘的固定项目，有非常完善的招聘流程和培训系统，很多情况下会从实习生里面挑选出一年之后入职的全职人才，暑期实习一般都有工资。

一般实习是中小型企业提供的不固定项目，全年不定时开放机会，根据公司需不需要额外的人手来帮忙的情况下招聘实习生，所以培训不会特别系统，但是一般实习机会都是很好的锻炼，起码能为你以后找全职工作提供铺垫。有些公司实习是有工资的，有些公司则没有工资，但是大多中小型企业都会提供交通和午餐的补助费用。

（3）志愿者机会（volunteer opportunity）

除了暑期实习，做志愿者也是增加求职竞争力的一种方式。在英国大学里，就有很多机会可以做志愿者。一般的学生社团（Student society）和学生会（Student Union）里面就可以找到很多机会。在校外，比如慈善机构，英国很多慈善商店（Charity Shop），如 Oxfam、Cancer Research UK，常年招聘志愿者。

志愿者的经历不仅可以提升自己的职业能力，还能够证明自己除了专业之外的品质，比如你的爱心、社会责任感等，这是海外许多企业主非常看重的。

决定要在英国找一份全职工作，该如何准备

（1）关键词：提早申请，持续进行，提前一年

英国公司的管培生计划都是提前一年开放的，虽然全年都有机会，但是集

中招聘期在提前一年的 9 ~ 12 月份。这些职位只要一旦开放,公司就在审理申请,并筛选人进行面试,所以千万不要等到截止日期再申请,一定要提早申请,越早越好。因为越早,拿到 offer 的可能性就越大。

暑期实习也一样,一般提前一年的 12 月份至第二年 3 月份,是招聘的高峰期,很多热门行业和公司,比如投行,在提前的一年 12 月份至第二年的 1 月份就发放了很多 offer。同样,暑期实习也是提早申请,先到先得。

(2)招聘流程

以管培生为例,英国跨国公司招聘分以下几个步骤。实习的招聘流程和全职的管培生大同小异,只是有时候会减去一个步骤。

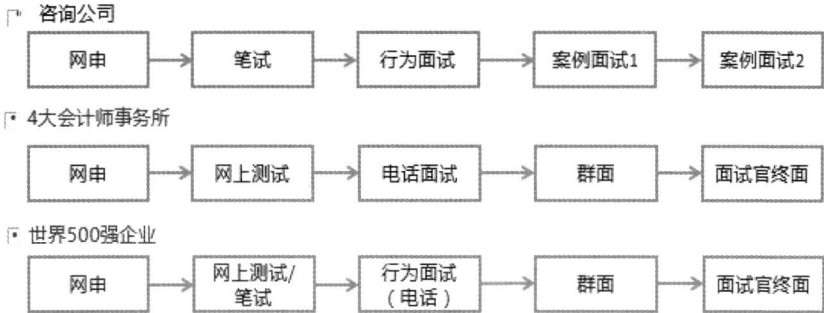

咨询公司

网申 → 笔试 → 行为面试 → 案例面试1 → 案例面试2

4大会计师事务所

网申 → 网上测试 → 电话面试 → 群面 → 面试官终面

世界500强企业

网申 → 网上测试/笔试 → 行为面试(电话) → 群面 → 面试官终面

写一份亮眼的 CV

通常情况下,准备 CV 是申请工作的第一步。CV 是你最强大的个人品牌,毕业生一般需要 1 或 2 页足够证明自己的经历。

CV 的写作很重要,一般包括以下内容:

❖ Name and contact details（姓名与联系方式）

❖ Education background（教育背景）

❖ Professional experience（工作实习经历）

❖ Additional information（其他信息）

（1）姓名和联系方式

包括电话、邮箱、地址。最好有领英（Linkedin）的链接，领英是职业人士用的积累人脉用的网站。

（2）教育背景

用倒叙的方式把自己从大学到研究生的专业，以及取得的成绩写上。根据招聘公司的要求，有时也需要把主要学科列出来。

（3）工作实习经历

这是 CV 里面最重要的一项，需要花很多时间思考和打磨。很多时候，学生是没有太多工作或实习经历的，这就需要花些时间，去研究招聘广告上面对工作的描述，把一些做过的很普通的事情，变成一个让人印象深刻的故事，包装自己，推销自己。

（4）其他信息

其他信息包括 IT 技能、语言能力、其他成就，以及志愿者工作。

（5）CV 注意的事项

❖ 工作经历少于 7 年的，篇幅不要超过 2 页纸。

❖ 用精确的语言描述工作内容。

❖ 不要有拼写和语法错误。

❖ 简历的内容要和投递的工作岗位关联。

❖ 简历不要过分夸大自己的经历。

❖ 简历需要反复修改和打磨，可向专业人士寻求帮助。

这是一份 CV 的模板，参照如下：

Lisa Zhong

Email: Lisa.Zhong@gmail.com Mobile: +44 7823074563

Education: University of Warwick, Coventry, UK　MSc in Finance

　　　　20XX-20XX

Previous University, Location, Country　Bachelor of XX （ grade achieved ）

　　　　20XX-20XX

Professional Experience（个人经历）

JP，Morgan，China　　　　　　　　　　　　　July 200X- October 200X

Summer Analyst（暑期实习）

❖ Implemented new excel database to..increase…led to……

❖ Analysed the financial performance of…and reported the outcome　for management to ….（主要负责）

❖ Initiated……the restructuring of …….reducing xxx by 12%

❖ Analysed company sales data in order to produce monthly reports for management for them to utilise when reviewing and adjusting stock, resulted in improved stock management

（6）Additional Information（其他信息）

❖ Climbed Himalaya major tracks within 20 days, running a marathon, achieved Level10 highest professional recognition for piano

网络申请

有些公司不用递交 CV，而是要求填写网上申请表格（以下简称"网申"）。网申表格里面需要填写的个人信息和 CV 几乎一样，都包括姓名和联系方式、教育工作背景和其他信息。网申表格和 CV 最大的不同，往往在于表格的最后，有 3~5 个开放性问题需要填写。

例如：

Why are you interested in Legal & General Capital and what do you understand about Direct Investments and our business?（max 400 words）（你为什么对法律及一般资本感兴趣？你对我们的工作和直接投资有何了解？）（不超过 400 字）

- Describe a time when you have been really focused on achieving a challenging personal objective.（max 400 words）（描述一个你专注与实现具有挑战性个人目标的时刻。）（不超过 400 字）

- Describe a situation where you used your analytical skills to understand the underlying issues behind a complex problem（max 400 words）（描述你是如何运用分析技巧，透过复杂表面去捕捉潜在问题的。）（不超过 400 字）

开放性问题往往是决定你能否进入下一轮的关键，因为在英国，除了对于成绩的一些要求外，主要是看申请人对这些问题的回答如何。

网上测试及基本题型

如果你的简历或网申表格通过了公司的审核，那么公司会发邮件通知你参加网上测试，一般申请人有 3 ~ 5 天的时间来完成网上测试。网上测试并不难，但是也需要提前练习，可在一开始求职的时候就安排好时间练习，一般需要练习 1 ~ 2 周的时间。

有时候，公司会在最后一轮的群面审核里，要求现场再做一遍这些题目，以确保申请人是自己完成这些练习的。网申测试的题目在网上有很多免费的资源，也可以去专业的网站买一套题目进行练习，如 SHL 或 Assessment Day。

网上测试一般包括以下 3 种类型：

❖ 数字逻辑题目（Numerical）

❖ 语言逻辑（Verbal Reasoning）

❖ 情景判断题（Situational Jugement Test，SJT）

1. 数字逻辑题

数字逻辑题目一般都是看图表和文字里面的数字信息进行分析，运算不是很难，用到的大多数是加减乘除，技巧是看题和解题都要快，对题型熟练。

例如：

UK Tourist data				
Country of origin	Annual Number of Tourists (1000s)	Total Spending (million)	Average Family Length of Stay (days)	Average Family Spend (£ per day)
Australia	2,200	435	5.2	236
Spain	1,300	410	2.8	116
Germany	660	380	4.6	148
U.S.A.	830	350	6.2	244
Italy	550	283	3.8	164

Q29 On average which of the following tour parties would spend the most per day?

(A) 2 Australian families
(B) 2 Spanish families
(C) 3 German families
(D) 3 U.S.A. families
(E) 3 Italian families

这道题的答案如下：

Step 1 - Calculate the cost for each of the options:
2 Australian families = 2 x £236 = £472
2 Spanish families = 2 x £116 = £232
3 German families = 3 x £148 = £444
3 U.S.A. families = 3 x £244 = £732
3 Italian families = 3 x £164 = £492

Thus the correct answer is (D) 3 USA families

2. 语言逻辑题

对一段文字信息进行理解和判断。

例如：

Nobody knows what life forms may exist outside our own planet. The search for extra-terrestrial life in the universe took a step nearer to fruition with the discovery in June of what are believed to be traces of water on the surface of Mars. Life on our planet requires water and its presence on Mars may point towards the existence of past life on the planet. The Phoenix Mars Lander robot landed on the plains of Mars on May 25th 2008, searching for signs that the Martian environment might once have been habitable to life. When it dug a ditch in the planet's surface, photos revealed small patches of bright material. Four days later those patches had disappeared, causing scientists to speculate that they were water ice that had previously been buried and which vaporised when exposed to the air. Scientists insisted that if the patches had been salt, they wouldn't have disappeared and if they had been solid carbon dioxide, then they wouldn't have vaporised.

Q15 The Phoenix Mars Lander has provided proof that life once existed on Mars.

| True | False | Cannot say |

这道题的答案如下：

Cannot say - The passage states that scientists speculate that there were ice patches on Mars, which is needed for life. We are told about the Phoenix Mars Lander and its discovery but we are not told what the Phoenix Mars Lander has proved, disproved, or failed to prove. For illustration: this passage could be reporting on just one aspect of what Phoenix has discovered. So we cannot say if this is true or false without further information.

Tip: this statement would have been False if the passage had said something to the effect that this is everything the Phoenix Mars Lander has ever done or found.

3. 情景判断题

情景判断题考察的是在相关工作环境下遇到问题并解决问题的能力。

例如：

Situation 2:

It is a Tuesday morning and a colleague in the stationery section is away on sick leave. At 11am you are on your way to the staff room to take a quick tea break when, passing through the stationery section, you notice that it is in a reasonable amount of disarray. Products have fallen on the floor and been left lying there, shelves are untidy and some products are on the wrong shelves.

Review the following responses A to D and indicate which one you believe to be the response to the situation you would be 'most likely to make' and the response to the situation which you would be 'least likely to make'.

这道题的不同选项和分析如下：

Responses:

A) Take your tea break and then on the way back quickly tidy up a few bits and pieces if it's still in a state.
(**Not a particularly appropriate response** as this means that you will be late back from your break and you won't have kept colleagues informed of this. Also, by not dealing with the problem immediately you are risking a bad impression being given to customers coming into the shop.)

B) Go back to your section and ask your team leader whether you can be spared for 10 or 15 minutes to help out in stationery. If agreed, offer your help to the stationery team leader to quickly tidy up the area and take your tea break at 11.30am.
(This is **the most effective response** as you are quickly dealing with the problem whilst keeping everyone informed. You are not making artificial boundaries between the different sections in the store and ensuring that the store looks good as a whole rather than just worrying about your area).

C) Do nothing. The stationery team leader probably has it all under control and will deal with it soon. It's understandable that there's a bit of a mess as someone is away and you don't want to insult the stationery team by mentioning anything.
(This is **the least effective response** as you are making assumptions that the problem will be dealt with and the whole store will suffer if one section looks scruffy. It will give customers a poor impression of your More Than Pens branch.)

D) Inform the stationery team leader that there is a problem with the presentation of the section.
(**A reasonable response** as the team leader will deal with the problem. However, it would have been more supportive and helpful to offer assistance, if you could be spared, as you know that the stationery section is shorthanded.)

面试及常见题型

通过网上测试后，公司会发出面试通知的邮件。申请人可以根据邮件里面提供的几个时间段，选择适合自己的时间，一般有 1~3 周的时间准备。

面试一般包括电话面试、Skype 面试、视频面试等。通常需要 45~60 分钟的时间。

常见的面试题型有以下几类：

（1）行为面试（Behavioural Interview）

行为面试，也叫基于能力的面试（Competency based interview）。这种面试会让申请人根据自身真实的情况进行举例，以证明自己的能力和优势。大多数公司主要考察的是申请人的交流能力、领导能力、分析信息的能力、团队协作的能力、抗压能力、时间管理能力及创新能力等。

行为面试之所以很受欢迎，是因为很多公司认为行为面试能够通过申请人过去经历的事件以及做出的相应行为，来预测申请人之后的工作表现。

以下是基于行为面试的例子。

Describe for me the most high-pressure situation you've dealt with in the past six months.（请描述在过去的半年内，你所经历的最高压力的情况，以及你是如何处理这类压力的。）

Tell me about a time in which you were required to produce something to a high standard, within a fixed period of time.（请讲述在某一特定时间内，你被要求高标准完成的某一项任务。）

Tell me when you had to manage or resolve a conflict between two or more co-workers.（你是如何处理解决同事之间的矛盾的？）

Describe a situation in which the cause of a problem was not initially clear.（当问题的起因并不清楚时，你该如何处理？）

（2）基于优势的面试（Strengths based interview）

基于优势的面试也越来越受欢迎，很多公司用来测试申请人在什么样的自然情况下表现最好。例如：

Where you naturally work best?（你在哪里工作状态最好？）

What do you learn quickly?（你学什么学得最快？）

What things give you energy?（什么东西能给予你力量？）

基于优势的面试成功取决于申请人对自我经历的挖掘，举出详细的例子匹配相关的能力，对自我优势/劣势的分析，以及是否能够用清晰和简洁的语言叙述。

（3）群面/评估中心（Assessment Centre）

群面，或者英国称之为评估中心（Assessment Centre），是拿到工作 Offer 的最后一步或者倒数第二步。主要的形式有小组讨论、案例分析、写报告、角色扮演、个人面试、做演讲及模拟工作场景等。

1. 小组讨论（Group Discussion）

4~8 个人一组，公司发放的文件里面会描述一个情节，需要解决一些问题。有 30 分钟的时间读这些题目，然后有 30 分钟的时间进行无领导小组讨论解决问题。题目类型往往和公司做的业务有关。

小组讨论里面最重要的一点是要表现与人一起工作的能力，既不能太抢风头（aggressive），也不能太沉默（too quiet），要表现出倾听别人的意见和尊重他人观点，并且自己也要贡献观点。

案例分析（Case Study）

申请人会拿到一个商业案例，与面试官现场讨论和解决。面试官会根据给出的答案进行更深入地提问和引导，考察的是申请人与人沟通的技巧、解决问题的能力，以及思考问题的方式。

2. 写报告（Report Writing）

写报告往往是从很多复杂的信息里面找到最重要的信息，然后写一篇总结性或分析性的报告。申请人会拿到很多信息，然后要求写出报告。包括快速吸收信息的能力，对信息的提炼及总结，加上自己的观点进行分析，以及用快速、简练的语言陈述观点，这些能力都是考察的重点。

（1）角色扮演（Role Play）

角色扮演是面试官给出一个场景，然后要求申请人在里面扮演其中的一个角色，主要考察的是申请人在真实工作场景中处理问题的各项技能。比如，申请人会被安排成为当日值班的经理，然后另外一个人是跑来抱怨的客户，你的任务就是来接待和安抚这个来抱怨的客户。很多公司，这个环节会请专业的演员来和申请人进行角色扮演。

（2）个人面试（Individual Interview ）

一对一的面试，这个时候人力资源经理或者部门主管会进行面试，主要形式还是基于能力的面试。

（3）演讲（Presentation）

有些公司会在评估中心进行前的 1～2 周就给出话题，让申请人准备一个10 分钟左右的演讲和现场回答问题。也有一些公司会现场给出话题，让申请人准备 30 分钟，然后进行演讲。

（4）模拟工作场景（E-Tray）

模拟工作场景通常会要求申请人回复电话留言，或者回复工作邮件。考察的是申请人职业的表达方式，以及对事情轻重缓急的判断和处理能力。很多情况下，做这项任务的时间都很紧，不可能有时间回复和解答所有邮件和电话留言，这样申请人就需要对于事情的优先级进行筛选。

面试及群面该如何进行准备

在英国找工作和实习，申请者都要对公司和职位进行调研，要充分了解这个公司和职位。

对于公司的调研包括：

（1）Research the company

❖ Their competitors（竞品或竞争对手）

❖ Their USP（Unique Selling Point）（产品最大卖点）

❖ The interviewer（面试官）

❖ Latest news（最新消息）

❖ The effects of the recession（效益下滑的影响）

❖ The culture（企业文化）

（2）Research the role

❖ What appeals to you?（公司最吸引你的点）

❖ What can you bring to the role and the company?（你能为公司担任什么样的角色？）

❖ Why you?（公司为什么选择你？）

❖ Understand the job description and person specification and technical and competency skills required.（了解工作职责、个人素质及技能要求。）

除了调研之外，最重要的是对于面试和群面里面考察的每一项综合素质进行系统地准备。英国很多工作都不限制学生的学术背景，即不限制所学的专业，唯一要求的是上面提到的成绩，剩下的就是对综合实力和素质的考察。

即使面试和群面的形式和内容不同，但是英国公司对于毕业生和实习生素质的考察，主要包括以下 6 个方面的综合实力和素质。

（1）求职动机（Motivation）

（2）能力储备（Competencies）

（3）商业意识（Commercial Awareness）

（4）价值观（Values）

（5）专业态度（Professional attitude）

（6）商务英语（Business English）

1. 求职动机

雇主对申请人为什么要申请这家公司，为什么要申请这个职位非常感兴趣。他们想了解申请人真正感兴趣的工作内容，以及长期的职业目标。求职动机需要从两方面挖掘：一个是公司能够给求职者带来什么，另一个是申请人能够给公司带来什么。

常见问题如下：

Why do you want to join our organisation？（你为什么想加入我们？）

Why are you interested in this role？（为什么你对这个职位感兴趣？）

2. 能力储备

这里包括了雇主所谓的软实力，每个公司着重的能力不太一样，但是求职者可以从生活中为每项能力选好 2 或 3 个事例来证明。主要的能力考察包括 Leadership（领导能力）、Communication（交流能力）、Teamwork（团队协作能力）、Problem-solving（解决问题的能力）、Ability to work under pressure（抗压能力）、Innovation（创新能力）、Positive attitude（积极正面的态度）及 Multi-tasking（同时处理多项任务）等。

能力方面的问题如下：

Give me an example of a problem you have faced in the past. How did you solve the problem？（举例说明你在过去工作中遇到的问题，以及你是如何解决这些问题的。）

Tell me about a time when you taught someone else something. （请描述你在过去工作或生活中曾指导他人的一段经历。）

Describe a situation where you inspired others to meet a common goal. （在面对共同目标时，你是如何激励你的同僚的？）

Tell me about a time when you worked successfully as part of a team. （作为团队的一份子，你是如何与他人合作并取得成功的？）

行为面试的回答方法

要想回答好行为这两种面试问题，申请人可以用 STAR 模型来举例回答。

❖ S（Situation）情景：简单、清楚地描述出当时的情景。

❖ T（Task）任务：需要完成的任务或到达的目标。

❖ A（Action）行动：采取了什么行动来达到目标。

❖ R（Result）结果：最终结果是什么样的。

以下是一个行为面试的问题和回答的例子。

"Give me an example of a time when you set a goal and were able to meet or achieve it."

Situation: My role as the 'Spring Business Talk' event officer for the Women in Business club at LSE was to ensure that the best speakers are sourced and promoted on campus.

Task: With a tight deadline of school projects, club events and dealing with multiple tasks and external contacts in 4 weeks, I knew it was going to be a struggle to deliver. I set the goal of having all four senior manager level speakers confirmed within 15 days so give us 2 weeks thereafter to make final corrections and promote the event to club members.

Action: By prioritizing tasks and working with my club committees to establish alumni connections from companies, I was able to create a more efficient and effective work timetable and ensure that the critical part of the event-sourcing speakers are achieved within my self-assigned timeline, and that will also allow my other committee members to promote the events to students well in advance.

Result: As a result of this more efficient working time and team working spirit, we completed the event on time and increased club speaker contact numbers by 10. This have enabled more opportunities for students to learn from the talks through our club events and also brought better engagement with club members.

3. 商业意识

商业意识的问题考察的是申请人对公司所在行业是否了解，尤其是行业里面最新发生的事件，并能辩证出自己的观点。

商业意识的问题例如：

Give me an example of a company that is doing well. Why is it doing well?（举例描述一个成功的公司，以及它取得成功的原因？）

Tell me about an item you've read in the news. How do you think this will impact our organisation? What do you think we should do about it? （描述你最近在新闻上看到的某一物品（商品），它会给我们公司带来什么影响？以及你认为我们该针对它做些什么？）

How have oil prices moved recently? What impact do you think this will have on businesses?（油价最近的趋势是什么？你认为它会如何影响我们的企业？）

要想回答好这类问题，建议平时多读 The Economist（经济学人杂志），以及 Financial Times（金融时报），这会让学生积累很多商业意识方面的观点和词汇。

4. 价值观

价值观方面的问题主要看申请人与公司的价值观是否匹配，会考察申请人是否正直（Integrity），是否值得信任（Trust），是否敢于承担责任（Responsibility）。

价值观方面的问题如下：

Tell me about a time when you thought through the consequences of a specific action in planning a project.（描述一下当你在规划某一项目时，如何考虑具体行为所带来的结果。）

Have you ever been in a situation where your role or responsibilities haven't been clearly defined? What did you do?（你是否曾有过角色定位模糊的经历？你是如何面对这一处境的？）

Tell me/us what steps you personally take to build trust with your Supervisor and Co-workers?（你是如何逐步与同事和领导建立信任的？）

价值观的问题同样也可以用 STAR 的模型来回答。

5. 专业态度

专业的态度一般是从工作方式和交流方式进行考察。这时雇主会观察你回答问题的方式、用词、态度、表情及肢体语言。尤其在评估中心的时候，雇主会观察你与其他人互动的一举一动，看你是否专业。很多时候面试不是从雇主问你问题开始，而是一进公司的大门，对你的观察和考察就开始了。

6. 商务英语

这里要强调的是，很多同学担心自己的英文不是很好，其实英语不一定要和本地人说的一样好，但是至少要表达清晰，并能很好地和雇主交流，这都是可以通过练习提高的。另外，要注意的就是，商务英语和在学校里面的学术英文有很大的区别。

学术英语一般句式比较长而且复杂，而商务英语在工作中日常的口头交流或邮件，都趋向于清晰简洁，常用的是简短的句子表达一个意思，学生在写简历、求职信、邮件以及评估中心里面需要写作的部分，都要习惯使用商务英语，而不是学术英语。

7. 面试着装

面试着装一般要求是职业着装，具体要求可对公司做详细的调研，每个公司根据行业及公司文化的不同，面试着装也会不同。例如，会计和金融机构一般都是商务正装，而传媒公关型公司，则可以是更具个人特色一些的精致商务装。在面试前，可与人力资源部门核对公司的着装文化。

面试注意事项：

❖ 不要迟到，尽可能提前 15 分钟到达面试地点，熟悉面试环境。

❖ 对公司和职位进行充分的调研和对可能的面试题目进行准备。

❖ 别忘了面试之后写感谢信。

准备申请和面试都要花费大量的时间和精力，请同学们安排好学习和找工作的时间，也可以寻求专业帮助，让申请效率和成功率大大增加。

第三节 《留学归国人员证明》和学历认证

学生如果选择回国就业，就需要办理学历认证，因为很多国内的企业是不直接认可国外大学毕业证的，他们只会看由中国教育部留学生服务中心颁发的留学生学历认证。请注意，从 2014 年开始，学历认证已经不需要办理《留学归国人员证明》了。

学位证书的认证范围：

（1）在外国大学或其他高等教育机构攻读正规课程所获相应学历学位证书或高等教育文凭。

（2）在经中国国务院教育行政部门批准的中外合作办学机构（项目）学习所获国（境）外学历学位证书，在经中国各省、自治区、直辖市人民政府审批，并报中国国务院教育行政部门备案的高等专科教育、非学历高等教育的中外合作办学机构（项目）学习所获国（境）外高等教育文凭。

（3）在中国澳门特别行政区及台湾地区大学或其他高等教育机构攻读正规课程所获相应学历学位证书或高等教育文凭。在中国香港特别行政区大学或其他高等教育机构攻读正规课程所获学士以上(含学士)层次的学历学位证书。

以下国（境）外机构颁发的证书暂不在学历学位认证范围内：

（1）参加外语培训或攻读其他非正规课程（如短期进修）所获得的结业证书。

（2）进修人员、访问学者的研究经历证明和博士后研究证明。

（3）国（境）外高等院校或其他高等教育机构颁发的预科证明。

（4）国（境）外非高等教育文凭、荣誉称号和无相应学习或研究经历的荣誉学位证书。

（5）未经中国政府相关教育行政部门批准的办学机构（项目）颁发的国（境）外学历学位证书或高等教育文凭。

（6）通过函授、远程教育及网络教育等非面授学习方式获得的国（境）外学历学位证书或高等教育文凭。

（7）国（境）外各类职业技能或职业资格证书。

办理学历认证申请流程：

①	②	③	④	⑤
注册及在线申请	在线支付认证费用	递交认证申请材料	查询认证进程	领取认证结果

第一步：登录国（境）外学历学位认证系统注册个人账户，在线填写认证申请。

第二步：填写认证申请后，在认证系统内，对已提交的认证申请在线支付认证费用。

第三步：到选择的验证机构递交认证申请材料。

第四步：申请人可登录系统查询认证进程及状态。

第五步：认证完成后，认证结果将通过 EMS 邮寄给申请人。

1. 办理费用

每件学历学位认证费为人民币 360 元。

2. 缴费方式

学历学位认证系统采用在线支付方式。申请人在认证系统完成注册及在线申请后，需在线支付认证费用，再到选定的认证验证机构递交认证申请材料。未进行在线支付的认证申请，验证机构将无法进行认证受理操作。

备注：认证申请人需使用带有"银联"标识的银行卡（借记卡或信用卡均可）进行在线支付。

3. 缴费标准

（1）学历学位证书认证费：人民币 360 元/件。

（2）邮寄服务费（EMS）：北京市内 15 元/件，中国大陆以及香港特别行政区 25 元/件，澳门特别行政区及台湾地区 95 元/件。

（3）认证书补办费：50 元/张，认证书换版本费：100 元/套。

（4）退费详见《退费须知》。

（5）申请者在外埠验证机构递交申请材料时，部分验证机构会根据自身情况，并依据当地物价部门核定的收费项目及收费标准收取验证代理服务费。

具体收费标准及缴费方式，请直接咨询相关验证代理机构。

4. 递交材料地点（北京）

教育部留学服务中心

办公地址：北京市海淀区北四环西路 56 号辉煌时代大厦 6 层，邮编：100080。

服务大厅对外服务时间：周一至周五上午 9 点至下午 4 点。

咨询电话：010-62677800。

教育部留学服务中心北京 CBD 认证验证办公室

办公地址：北京市朝阳区建国路 88 号现代城综合停车楼 2 层，建外地区社会服务管理中心，邮编：100022。

办公室对外服务时间：周一至周五上午 9 点至中午 12 点，下午 1 点至下午 4 点。

其他省市

为了方便广大申请者提交认证申请，教育部留学服务中心在中国各地设立了 50 多个国（境）外学历学位认证申请材料验证点，各验证点均可以查验和代理收取认证申请材料。请登录 http://www.cscse.edu.cn/publish/portal0/tab105/info6388.htm（中国留学网）进行查询。

5. 其他注意事项

学历认证不是国家强行要求的，是自愿选择办理的。如果证丢了可以花钱补办，没被认证还可以申请复审。如果你回国就要立即找工作，那么建议最好尽早办理学历证明，以免影响入职。更多信息也可以登录教育部留学生服务中心的官方网站（中国留学网），并阅读官方 Q&A 和访问学历认证官网。

第九章／CHAPTER NINE

移民到英国

玖

　　移民，作为一个留学生今后有可能会选择的一个"终极选项"，同时也是本书的最后一章，呈现出的是一种"生活在别处"的情境。当你产生了移民到英国的想法后，根据自身条件，如何选择最好的路径？长时间生活在英国又是什么样子？这个国家吸引人到它那儿定居的理由究竟是什么？以及在移民后很有可能会遇到的种种不适，又该如何解决？

英国无疑有着巨大吸引力。在胡润《2016 中国投资移民白皮书》中，英国在最受中国人青睐的移民目的地中排名第二，仅次于美国。然而在脱欧以后，英国政府对于就业类、工作类的绿卡签证把控得相对严格。但是对于投资类签证，如企业家移民、投资移民，还是持相对比较欢迎的态度。目前，通过投资移民英国的主要途径包括 T1 Entrepreneur（英国企业家移民）、T1 Graduate Entrepreneur（英国毕业生企业家移民）和 T1 Investor（英国投资移民），这三类移民也是本章重点介绍的对象。

此外，新移民抵达英国之后最为关心的医疗及社会福利、子女教育、学区房及税务等问题，本章也会一一解答。

第一节　英国企业家移民

简介

1. 什么是企业家移民

企业家移民签证（Tier 1 Entrepreneur）又称创业移民，最初由英国政府于 2008 年实施。目的是为了吸引世界范围内有能力、有财力的企业家来英国创业、经营业务，促进英国的经济发展。投资金额不少于 200 000 英镑，可以通过在英国创立公司，或者选择向英国现有企业购买股票或以董事贷款形式进行投资。

2. 企业家移民的优势

对比其他移民国家的商业移民，英国的企业家移民在投资金额、创造就业及企业营收方面的要求都要更低。

相对于其他国家的投资移民，该项签证所需的资金投入较少，仅需 200 000 英镑。同时，内政部允许不超过两个以上的合伙人投资同一公司，合伙人共同投资额也为 200 000 英镑，平均每人仅需投入 100 000 英镑。

在投资项目上，英国内政部认可除房地产开发、房产租赁等业务外的任何合法投资项目。有国内业务的投资者，可借此签证把国内业务拓展到英国；其他投资者，既可在英国自主创业，也可投资到英国现有的公司中——投资方式灵活多变，投资者的自主性也比较强。

企业家移民签证也适合打算送子女到英国就读私立中学或寄宿学校的学生家长。从入境英国开始，即可计算居住时间，3年或5年后，学生家长即满足申请永居的居住条件。若家中年满18岁的成年子女已在英国留学，家长也可将资产赠与子女，然后由其作为主申请人单独申请移民英国。

3. 企业家移民适合哪些人士

一类是具有英国教育或工作背景的海归人士，他们或多或少会有"英国情节"，对英国有一定的了解，一定程度上熟悉英国商业模式及商业社会运营规律。

另一类是与英国有业务往来，并具有一定英语能力的商务人士，进入英国很大程度上是出于业务的拓展和延续，商业模式及经营形式相对成熟，比较容易获得移民局的认可。

如何申请英国企业家移民

1. 申请条件

❖ 拥有不小于200 000英镑现金存款。

❖ 200 000英镑需存在英国金融监管局（FCA）受管理的金融机构里。

❖ 200 000英镑可不受限制地投资在英国。

❖ 申请人必须有一定的英文能力（雅思4分或英语国家本科学历证书）。

有足够维持申请人及全家在英国的日常生活资金。至少3100英镑的资金在申请人名下，并且有超过3个月的银行存款记录，每增加一个附申请人，需增加资金1890英镑。

2. 申请流程

申请人可以自己准备申请表格及文件，或者委托拥有英国 OISC 证书的律师事务所办理所有的文件及申请，从准备到获签大概需要 6 个月的时间。具体流程如下：

（1）考察英国市场，确定投资意向（自主创业或投资当地企业）。

（2）准备申请文件及支付申请费用。

（3）在指定机构办理肺结核体检。

（4）前往签证中心递交申请材料。

（5）参加面试。

（6）获得审批结果。

3. 移民路径

申请人获得首次签证的居留时间是 3 年，在第一次入境后 6 个月内，申请人必须注册公司并成为股东，并在 3 年内参与公司经营，同时雇佣两名全职的英国国籍或永居员工，每人的雇佣时间至少是一年。在满足以上条件后，可以 3 年后续签 2 年签证，5 年后企业家移民签证持有者若通过内政部审核，即可获得英国永居。

快速永居通道：如果申请人达到雇佣满 10 个人或者公司收入达到 5 000 000 英镑，只需 3 年即可申请永居。

企业家移民所需的基本材料：

❖ 当前护照或其他有效旅行证明文件。

❖ 一张护照大小近期彩色照片。

❖ 投资金额证明。

❖ 投资资金来源证明。

❖ 商业计划书。

❖ 可以维持英国生活的证明（英国境外申请至少需要 3310 英镑存款，英国境内申请至少需要 945 英镑存款，连续存满至少 90 天）。

❖ 英语语言能力相关证明。

❖ 肺结核检测报告。

❖ 近 10 年内在任何国家居住超过 12 个月，需要提供无犯罪证明。

❖ 非英语（或威尔士语）材料须附有合格的翻译资料。

4. 签证申请费用

英国境内申请为 1228 英镑/人，英国境外申请为 982 英镑/人（附属申请人等同主申请人）。

具体案例解析

企业家移民成功申请案例：

投资房产建筑设计企业，零经验获批企业家移民

申请人：董女士
学历背景：城市规划专业
工作背景：无工作经验
申请项目：建筑设计
移民方式：200 000 英镑企业家移民

董女士在国内完成了城市规划专业的本科课程，主攻建筑设计方向。本科毕业后，她被 UCL 的巴特莱特建筑学院录取，随后获得了建筑设计专业的研究生学位。毕业后她很想留在英国继续她的建筑设计事业，但作为一个刚毕业的新人，缺乏行业经历和人脉，想自己成立工作室并不容易。"怎样寻找并加入适合自己的英国本土工作室"成为摆在她前面的难题，而英国企

业家移民的高拒签率以及创业经验的缺乏也让她有些犹豫不决，于是她找到 UVIC 英国移民签证中心寻求帮助。

在对董女士的背景进行分析之后，UVIC 移民律师为她匹配了感兴趣的建筑及设计企业项目，并协助她与多个不同的英国本土建筑和室内设计工作室接洽。董女士在多个公司里面最终选定了 ZBH，原因是在洽谈阶段，双方对于设计以及技术应用方面的见解已经非常的合拍，ZBH 在环保建材以及环保建筑方面具备业内领先的技术，董女士非常看好这项技术的市场前景，同时她的专业也让其可以在这个公司里面发挥设计专长。

在经过一轮谈判后，双方达成协议，董女士除了投资 200 000 万英镑资金可以成为公司董事并获得公司相应的股权以外，由于她将参与项目设计的工作以及公司日常管理，她还能获得将近 40 000 万英镑的年薪。

在接下来的签证准备阶段，UVIC 负责把关签证材料，并专门为她制订了大量的面试培训以及模拟，以应对面试可能出现的各种问题，在几轮的面试辅导之后，董女士 2016 年 11 月份在国内递交了申请，在接到面试通知之后，由于准备充分，董女士非常顺利地完成了面试，并在 12 月初成功获得了企业家移民的首签，她的丈夫也顺利获签家属陪伴签证，两人一起回到英国开始新的工作和生活。

难点及建议

企业家移民申请的难点在于审理过程中的"企业家真实性测试"。

根据移民局内政部 2016 年第二季度的英国签证数据统计，T1 企业家拒签率高达 56%，而常见拒签的理由通常包括市场调查不足、不了解竞争对手情况、面试回答前后矛盾、对商业计划书的数据不熟悉、对英国法律和认证系统认识模糊等。其中，商业计划书移民局考核申请人在英国创业的"真实性"与"可行性"的重要依据，需要包括团队介绍、市场调查分析、竞争对手分析、财务预算、历史销售记录等详细内容，也是面试时考察的重点。

为了降低拒签风险，提高通过率，建议选择经验丰富、持有 OISC（英国移民事务署 Office of Immigration Services Commissioner）牌照的正规移民律师事务所（比如学无国界旗下的 UVIC 移民签证中心）来处理申请，以针对申请人不同情况确定具体的投资方案及准备面试。

Tips

OISC（英国移民事务署 Office of Immigration Services Commissioner）是专职监管和授权移民签证服务机构的政府机关。任何没有经过 OISC 许可的提供英国签证咨询的行为均属非法行为。网站：oisc.homeoffice.gov.uk。

第二节　英国毕业生企业家移民

简介

1. 什么是毕业生企业家移民

英国毕业生企业家签证（Tier 1 Graduate Entrepreneur）是 2012 年 4 月，在取消 PSW 的前提下，英国内政部推出的一个全新签证类别，旨在吸引有优秀创业理念和能力的英国国际毕业生。

毕业生企业家签证的目的，是鼓励那些拥有创新观点和创业技能的海内外优秀毕业生在英国创业，每年有 2000 个名额，其中 900 个为普通学位毕业生名额，1000 个为 MBA 毕业生名额，另外 100 个为英国贸易投资署分配海外毕业生的名额。

任何专业的毕业生只要有大胆创新的创业想法，都可以向学校申请该签证的担保。一般每个学校有 10 个担保名额，这些学校是指英国的高等教育机构，一般是指英国的公立大学。

2. 适合哪些人士

毕业生企业家类别适用于那些被英国高等教育机构确认具有一流创业想法或企业家能力的优秀高校毕业生。

3. 毕业生企业家移民的优势

有别于企业家移民签证，毕业生企业家签证只需要拥有创新性的创业计划，而不需要创业资金投入。此类签证是要让申请人能在 1～2 年内，达到 50 000 英镑的投资收益，支持之后企业的生存，因此在申请与持有此类签证的期间，没有大额资金的要求，只须满足申请签证时的基本相关规定。

毕业生企业家签证允许申请人在持有此类签证的期间兼职、打工，让申请人在创业的同时，也能通过兼职工作来保障自己的生活开销，同时积累工作经验。此外，2014 年 4 月 6 日以后的申请者，每周工作时数无限制，也让申请人能够更弹性的安排工作。

如何申请英国毕业生企业家移民

1. 申请条件

❖ 申请人需要来自 EEA（欧洲经济区）外或瑞士；

❖ 申请人需要持有本科或以上学位，海外学位需要另外提供由英国国家学术认可信息中心 UK NARIC 出具的信件，证明所持有的海外学位等同于英国本科或以上。

❖ 申请者的创业项目需要到所在英国高校或英国贸易投资总署的评估和支持（需要以书信形式由支持者正式出具）。

注：相对而言，学校支持更加容易获得，英国贸易投资总署的认可相对复杂而且难度大。总体来看，英国毕业的国际学生机会大于英国境外的毕业生。

❖ 申请者持有足够维持自己及家人在英生活的资金（英国境内申请需要 945 英镑，存满 90 天，自境外申请需要 1890 英镑，存满 90 天）。

❖ 申请者需要满足相应的英语要求。

❖ 若申请的支持者为英国贸易投资总署，申请者还需达到英国贸易投资总署的相关规定。

2. 申请流程

（1）上网查询，确认自己的学校是否具有该类签证担保人性质。

（2）确认学校接受毕业生企业家移民申请的截止时间（大部分学校是在夏季，如6~8月）。

（3）在向学校提交申请前，准备好自己的商业想法 business idea（需要说明项目内容、产品或服务的具体形式、市场调查、财务分析等）。

（4）递交申请，进入第一轮考核，学校创业指导中心提供咨询及建议。

（5）准备商业计划书。

（6）面试。

（7）获得担保名额。

（8）申请毕业生企业家签证。

附：担保人名单网址链接：https://www.gov.uk/government/uploads/system/uploads/attachment_data/file/607634/Authorised_endorsing_bodies_-_Apr17.pdf

3. 移民路径

毕业生企业家与 200 000 英镑企业家移民不同，签证结构为"1+1+3"。首次申请成功可获得 12 个月签证，签证到期后需要担保人审核过去一年申请人项目的相应进展或成绩，如果担保人仍然愿意继续担保并支持该项目，申请人可以申请续签一年，一年到期后，申请人需证明该企业或项目已经正式运行，并有完整规范的税务和账目资料，同时持有至少 50 000 英镑可用于投资的资金以及足额生活费证明，即可转签 3 年有效的 T1 Entrepreneur 企业家移民签证。再经过 3 年运营后，就可以按照 T1 50 000 英镑的要求来申请永居了。

毕业生企业家移民申请材料：

❖ 当前护照或其他有效旅行证明文件。

❖ 一张护照大小近期彩色照片。

❖ 担保材料—— 英国高等教育机构（HEI）或英国贸易投资总署（UKTI）的背书信。

❖ 在英国的生活费（英国境外申请需要至少 1890 英镑存款，连续存满 90 天）。

❖ 英语语言能力相关证明。

❖ 肺结核检测报告。

4. 签证申请费用

签证费用：英国境内申请为 349 英镑/人，英国境外申请为 474 英镑/人（附属申请人等同主申请人）

具体案例解析

毕业生企业家移民成功申请案例：

跨行申请毕业生企业家移民 事业身份双丰收

申请人：张女士
学历背景：国家政治专业
工作背景：电视台制片人&项目管理
申请项目：中英文化交流
移民方式：毕业生企业家移民

当大家都在犹豫"要不要逃离北上广"的时候，张女士在 29 岁已经做了这个"壮举"。在出国之前，她在北京奋斗了将近 8 年，是电视台资深制片人和项目管理。由于工作涉及大量的涉外合作，张女士在工作中发现：尽管国家投入了大量资金，但中国文化的推广效果却差强人意，这让她逐渐萌生了做中西方文化教育交流企业的想法。

带着中英文化交流的使命，张女士走出国门，于 2014 年 9 月入读伦敦大学亚非学院攻读国家政治的研究生。来英国的第二个月，她遇见了生命中的另一半。他们在彼此认识 5 个月后开始交往，并在毕业后结婚。毕业时，张女士 32 岁。一开始她也有四处找工作的机会，甚至进入了大英图书馆的终轮面试，但是由于对方不提供工作签证，让张女士开始放弃通过拿工签留英的道路。

正当她灰心丧气时，她的教会朋友，伦敦国王学院的博士夫妇，告知她可以去学校查查毕业生企业家这条出路。果然，学校每年有 10 个名额给毕业生企业家，但审核过程繁琐，据说不到一年就发放完了所有的名额。尽管如此，张女士还是决定试一试。这一次她离 Deadline 仅剩 5 天。

通宵准备了 2 天 2 夜，结果辅导老师一看她打算做文化交流就觉得她在骗人。直到看完简历之后，才开始相信她的初心。不断反复地修改，最终提交还是错过了 Deadline 20 分钟。没想到，却在 10 天后意外收获了第二轮面试通知。终轮面试，是 5 分钟展示+5 分钟问答，张女士正常发挥，最终在圣诞节前夕拿到了学校的毕业生企业家名额。

这个闲不下来的女子，在毕业生企业家签证申请下来之后，了解到这个签证只能最多持有两年，而且第一年结束后，还要重新申请学校的担保，她觉得自己得尽早转成正式的企业家移民签证。在对比了几个机构后，她最终选择了 UVIC 英国移民签证中心。

回忆起申请的经历，张女士仍然很激动："当时所有人都跟我讲，企业家移民是英国所有签证里面拒签率最高的，万万没想到，我的签证用了不到 2 个月时间，没有面试，直接获签。"

对张女士而言，英国给了她一个 30 岁重新来过的机会，一个更公平的竞争环境。自断后路的她，遇见了全新的自己，也遇见了爱情。

难点及建议

毕业生企业家移民签证申请过程的难点在于商业计划书的准备和面试环节。商业计划书是申请成败的关键，因为你需要用商业计划书向英国政府证明你是有能力留在英国并且会为英国经济做出贡献的。英国政府也会层层筛选，挑选出他们觉得最有潜力和最有前景的项目。

在递交商业计划书的同时，申请人也需要准备 20 分钟左右的面试答辩，由创业审核小组进行审核。答辩的问题主要围绕商业计划书展开，包括市场分析、项目优势、竞争对手、财务预估等细节问题。毕业生企业家的申请过程体现了对申请人创业想法、实践能力、性格、心理素质等综合能力的严格考核，可谓是不小的挑战。

有意向申请毕业生企业家的同学，在英国留学时可以多积累实习和兼职经验，结合自己的强项和兴趣所在，明确创业方向，同时需要学习英国的商业环境，熟知英国的经济、法律等。在商业计划书中需要针对适合自己的项目，详细阐明为什么要选这个项目，你的优势、计划、商业前景等。

最后，一定要知道学校是你的坚实后盾，建立自己的商业团队，多与导师沟通，让导师了解你的想法和计划，因为审核组会从导师那里得到你的很多信息。

第三节　英国投资移民

简介

1. 什么是英国投资移民

Tier 1 投资者移民是在计点积分签体系（PBS）下为高净值的国际投资者设立的，2010 年英国开始收紧移民政策，2014 年 10 月公布的英国投资移民由 1 000 000 英镑涨到 2 000 000 英镑；投资者需要将 2 000 000 万英镑投至政府债券、英国公司的股本或债券资本中，通过首次申请获得 3 年的企业家签证，3 年期满后通过考核再续签 2 年，一共满 5 年的情况下，可以申请永居。

英国投资移民的优势？

投资移民是英国各类移民签证里面限制最少的一种，要求简单，无语言、学历、经商背景等要求，也不需要申请人提供所有财产的来源，同时无需实地经营等，广受高资产人士的欢迎。此外，投资移民允许投资者在英国读书和工作，便于申请人更加合理地安排在英的时间。

2. 适合哪些人士

第一类是 18 岁以上有志前往英国留学的学生。建议家长在为孩子安排留学计划的时候，事先将孩子毕业后的发展方向也考虑进去，提前规划移民。

第二类是适合小孩在英国读书、家长有意前往陪读的家庭。若以赴英陪读的家长作为主申请人，投资 2 000 000 英镑可让家长和孩子共获居民身份，取得该身份之后孩子就读当地公立学校的学费可全部豁免。

第三类是有强烈意愿到英国居住生活的人。英国一些中小型城市非常适合居住，吸引许多想要过欧式生活的家庭前往定居。

英国的移民政策是有居住要求的，申请人每年要有半年时间在英国居住，持续 5 年。因此，英国更适合子女在英国读书，父母有一方能陪伴小孩在英国生活的家庭申请。

如何申请英国投资移民

1. 申请条件

❖ 申请者需为年满 18 周岁的成年人，并且有英国当地银行的账户。

❖ 申请者必须证明拥有并且有权动用不少于 2 000 000 英镑的投资基金，该笔基金必须存放于英国移民局认可的金融机构。

❖ 资金有合法的来源。

2. 申请流程

（1）开立海外银行及英国投资账户。

（2）将 200 000 000 英镑存入投资账户内 3 个月并出具资金证明信。

（3）准备申请文件及支付申请费用。

（4）在指定机构办理肺结核体检。

（5）前往签证中心递交申请材料。

（6）获得签证。

3. 移民路径

申请人获得首次投资移民签证的居住时间是 3 年，在第一次入境后 3 个月内，申请人需要按条件投资 2 000 000 英镑到英国的债券或公司股票内，在持有投资移民签证期间，投资金额不可撤出。在满足以上条件后，可以 3 年后续签 2 年签证，5 年后若移民签证持有者通过内政部审核，即可获得英国永居。

快速永居通道： 申请人投资 5 000 000 英镑只需 3 年即可申请永居，申请人投资 10 000 000 英镑只需 2 年即可获得永居。

投资移民所需的基本材料

- ❖ 当前护照或其他有效旅行证明文件。
- ❖ 一张护照大小近期彩色照片。
- ❖ 投资资金相关证明。
- ❖ 需要开具文件证明投资金额，以及证明资金随时可以转移到英国。
- ❖ 肺结核检测报告。
- ❖ 近 10 年内在任何国家居住超过 12 个月，需要提供无犯罪证明。
- ❖ 非英语（或威尔士语）材料须附有合格的翻译资料。

4. 签证申请费用

签证申请费用为 1561 英镑/人（附属申请人费用等同主申请人）。

具体案例解析

投资移民申请成功案例

顺利申请英国投资移民 职场精英圆梦英伦

申请人：王先生

学历背景：UCL 计算机专业硕士

工作背景：6 年互联网行业经验

移民方式：2 000 000 英镑投资移民

王先生曾在 UCL（伦敦大学学院）攻读计算机专业硕士，归国后，他进入国内一家知名互联网公司担任软件开发工程师，凭借优秀的教育背景和出色的工作能力，他在工作即将满 6 年之际就上升为技术经理。虽然在国内的事业有着不错的发展前景，也拥有美满的家庭，但是曾经在伦敦的留学、生活经历仍然让他从心底向往移民到英国，同时为了给太太和女儿创造更好的生活环境，王先生最终下定决心办理英国投资移民。

经朋友推荐，王先生委托 UVIC 英国移民签证中心代为申请移民。在了解了王先生的具体情况之后，UVIC 律师发现他的申请难点在于资金来源种类多而复杂，包括亲属赠予、工资收入、股票、房产等多种形式。

UVIC 律师根据王先生的实际情况，将他的资金来源进行了详细分类，为他书写了个性化的 Personal Statement，书面说明了资金来源和种类，清晰解释了他的资金基础。接下来，从开户、资金证明信、材料审核、资金来源审核等各个程序，UVIC 英国移民签证中心均提供耐心细致地指导，最终帮助王先生一家三口顺利拿到签证。

难点及建议

虽然英国投资移民签证对申请人的硬性要求少，但是对材料细节要求很高，要严格按照移民局的要求提供 2 000 000 英镑的资金证明，一个措词或句子不准确都会导致拒签。英国投资移民需要解释 2 000 000 英镑的资金来源，移民局认可的资金来源方式通常包括工资及奖金收入、股票、理财收入、房产买卖所得、赠予、继承财产等。而在实际的材料准备过程中，可能会遇到证明材料缺失、或搜集难度大的情况，建议申请人咨询专业移民律师事务所，根据个人的具体情况确定合理匹配的资金解释方案。

第四节　移民后的生活

教育及学区房选择

英国的教育体制在全世界享有盛誉。英国的教育质量、学术研究和科学研究亦处于世界领导地位。这里有成千上万种课程和数百所学校、学院和大学可供选择。著名的高校有牛津大学、剑桥大学、伦敦政治经济学院、帝国理工学院等。世界排名前 10 的名校英国占 4 所，排名前 100 的名校英国有 20 多所，每年吸引 40 多万来自世界各地的留学生前来接受世界一流的教育。

在英国，所有 5 岁～16 岁儿童必须接受强制性的全日制教育。当你成为了英国的新移民，有 16 岁以下的儿童抵达英国后也可享受免费教育，自由申请公立学校。

成为永久居民前，读大学以海外学生费用为标准，但当成为永久居民后，就读英国大学可享受与本地学生相同的学费，整个本科加研究生 4 年课程可节省高达 500 000 元的学费。

1. 孩子转学到英国应该读几年级

年龄要求在英国学校来说，要比国内严格得多。几乎所有行政区和私校的网站上都会说明每个年龄段所对应的年级。

英国的入学年龄以 8 月 31 日为分水岭，因为学校通常在 9 月的第一周开学。具体来说，如果希望在 2016 年 9 月就读幼儿园（Nursery）的话，孩子必须要在 2016 年 8 月 31 日前满 3 周岁；如果希望在 2016 年 9 月就读小学学前班（Reception）的话，孩子必须要在 2016 年 8 月 31 日前满 4 周岁，即孩子的出生日期必须在 2011 年 9 月 1 日～2012 年 8 月 31 日间。如果孩子出生于 2011 年 7 月，他需要就读一年级；如果出生于 2010 年 3 月，他需要就读二年级。

虽然同年龄的孩子在入学后，学校会依据孩子们的表现来灵活调整各自的教学进度，但是年龄要求基本上是严格执行的，很少会有例外。

2. 该选择公立学校还是私立学校

由于经费的限制，多数公立学校只能关注学生的学习成绩。在优秀的公立学校中，多数学生来自英国的少数种族，母语非英语的学生占多数。在不同的公立学校，师生比例差异较大。获得政府补助较多的学校在保证学生学术成绩的同时也会积极扩展学生的课外活动。

优秀公立学校的竞争日益激烈，为了使孩子能够有机会进入优秀公立学校，"孟母三迁"的故事也时常发生在英国父母的身上。教学质量较高的都是教会学校，通常是罗马天主教会学校或英国国教学校。许多家长也为了孩子能够进入好的学校提前几年便开始每周末前往教堂。对于公立学校的需求日益增长，特别是在好的学区，英国政府也在积极扩建、新建公立学校。

另一方面，优秀的私立学校不仅保证学生出色的学术表现，学生的课外活动也十分丰富。音乐、戏剧表演、艺术和体育通常是私立学校课外活动的标准配备。另外，私立学校占地面积较大，学生有更多的活动空间。除了学生所学的课程外，私立学校中的学生也经常获得学科奥林匹克竞赛的奖项，在体育、音乐、艺术等方面也有出色的表现，如代表地区参加国家级比赛、在音乐和艺术方面取得高规格的认可等。针对高年级学生的私立学校多数可以选择走读或寄宿，当然，寄宿生的学费也远远高于走读学生。

在学生比例上，私立学校中来自少数种族的学生比例远低于公立学校。虽然学费高昂，但由于许多私立学校设立了奖学金，也扩大了私立学校招生的范围。然而，想要进入优秀的公立或私立学校都不是一件容易的事。许多学校要求学生通过入学考试。入学考试通常分为两部分：面试及笔试。具体考试科目由学校确定。为了使孩子能够顺利通过入学考试，有些时候，补习在所难免。

如果孩子的年龄超过 4 岁，建议选择针对性较强的私立学校，因为相对而言，私立学校对孩子的教育重视及老师对孩子的照顾更佳妥善。因为语言差距的问题，入读公立学校在短期内很有可能令孩子有挫败感及失落感。但是请注意，好的私立学校是有自己系统的招生标准和招生要求的，如哈罗、伊顿等名校是需要很长时间的提前准备的，建议至少提前两年考虑这个计划安排。

关于英国公立学校和私立学校的渊源，还可以在本书第 2 章的第二节《英国的公立重点中学为什么越来越少了》一文中进行查阅。

3. 如果人不在伦敦可以申请公立学校吗

不可以，只有已经居住在伦敦，才可以申请伦敦的公立学校。但是，可以早做准备。其中一个最重要的问题是：居住在伦敦的哪个行政区（Borough）？因为学校是划区域管理的，一旦确定了行政区，那么就可以去市政厅陈述自己的家庭状况，了解当时还有名额的公立学校有哪些，市政厅会给出可选公立学校的名单。还可以选择私立学校，私立学校并不要求人必须在英国以后才能申请。

4. 如何在英国选择学区房

英国的公立学校也是"划片"就近入学的，"片区"在英国叫做 school catchment areas，好的公立学校对周边房价的影响很大。现阶段进入英国优秀公立小学的竞争非常激烈，有的学校申请人数与录取人数的比例为 9：1。部分地区由于出生率上升，适龄儿童有可能陷入"无学可上"的困境。这与英国择优直升的入学机制非常相关，也就是说，如果学生在排名靠前的小学入读，那么升至就近著名中学的机会就相对大很多。因此，英国很多家长都秉着长远打算选择住宅。为了靠近学区房，在英国的华裔家长在孩子还未出生时，就已经将置业目标选定学区房，早早地加入学校等候名单。

英国一些区域由于是知名的学区，导致房价已经飙升到连中产阶级都望而却步的程度。因此，在购买学区房的时候，尽管为孩子创造好的教育条件很重要，但也要综合考虑自身的经济情况、工作地点等。

在英国，为了能够使孩子进入优秀的公立学校，家长们通常要用几年的时间做准备。由于该校区学位紧张，每年优秀公立学校的学区都在缩小，因此，在为孩子申请学校之前需要和学校确认住址是否属于学区范围。

下面是由英国卫报评选的全英排名前 10 位的知名学区，其中有 9 个学区位于大伦敦地区，1 个学区位于曼彻斯特地区，可以作为置业参考。

（1）伦敦 Kensington&Chelsea（肯辛顿切尔）学区

肯辛顿切尔西区位于伦敦市中心西部，面积为 12.13 平方公里，人口为 158 300 是英格兰最好的校区之一。区内有 27 所公立小学，6 所公立中学，8 所儿童康乐中心及幼儿园，3 所特殊学校。肯辛顿切尔西区有 30 余处公园及露天公共场所，著名的肯辛顿宫就位于该区。区内共有 6 个图书馆，同时政府也为有需要的居民提供家庭图书馆服务。

（2）伦敦 Hammersmith and Fulham（汉默史密斯·富勒姆）学区

汉默史密斯·富勒姆区位于伦敦市西部，面积为 16.4 平方公里，人口为 182 400。区内有公立小学 39 所，12 所公立中学，5 所儿童康乐中心及幼儿园，

5 所特殊学校。该区犯罪率与伦敦平均犯罪率持平。汉默史密斯·富勒姆区内的公园及露天公共场所占地 231 公顷。区内共有 6 个图书馆，同时政府也为有需要的居民提供家庭图书馆服务。

随着伦敦地区人口的持续增加及入学人数的增长，适龄学童成功进入首选中学的比例越来越低。在伦敦，有近三成的学生进不了首选中学。而对于像汉默史密斯-富勒姆区这么优秀的学区来说，入学申请情况更加紧张。

（3）伦敦 Westminster（威斯敏斯特）学区

威斯敏斯特区位于伦敦市市中心，面积为 21.48 平方公里，人口为 219 600。区内有公立小学 42 所，11 所公立中学，4 所儿童康乐中心及幼儿园，3 所特殊学校。威斯敏斯特区内有 80 处公园及露天公共场所。著名的白金汉宫、圣詹姆斯宫、国会、唐宁街 10 号、海德公园、格林公园、摄政公园、特拉法加广场等著名场所都位于该区。

根据报告显示，威斯敏斯特区的居民中有三分之一的适龄儿童接受私立学校教育。对于私立教育的需求主要来自移民、人口增长及新住宅开发。学生对于私立及公立学校的需求会根据经济因素的变化有所浮动，同时周边区域的就学压力很有可能转到威斯敏斯特区。该区中，相对学校比较多的区域有贝斯沃特、教堂街及南威斯敏斯特地区。

（4）伦敦 Redbridge（雷德布里奇区）学区

雷德布里奇区是英国英格兰大伦敦外伦敦的自治市，位于伦敦东北部。和 Barnet 一起并称北伦敦两大优质学区。该地区人口为 278 970，面积为 56.41 平方公里。区内共有 54 所小学，18 所中学及 4 所特殊学校。该区以开放的公园与绿地而倍受赞誉。全区超过四分之一的土地覆盖森林和绿植。

良好的交通，便捷的购物中心和高水平的学校一直使此区域倍受年轻父母青睐。雷德布里奇表演中心、Kenneth More 剧院和雷德布里奇表博物馆都使这个区域具有浓厚的艺术氛围。并且雷德布里奇区具有大大小小 13 个图书馆，不仅满足了成年人政治科技娱乐的图书需要，也有很多针对儿童的少儿书籍。

雷德布里奇区内的一所小学充分发挥学校多元文化背景的特点,推行多语言学习计划。十多年时间内,校内英语为非母语学生比例上升一倍,达到80%。学校让学生担任"语言教师",教大家本民族语言的重要词汇。负责语言学习计划的教师说,语言学习计划让孩子为自己的文化骄傲,他们怀着自豪的心情担任"语言教师"。

(5)伦敦 Barnet(巴奈特)学区

巴奈特区位于伦敦北部,是伦敦第二大区。该区总人口为369 100,占地为86.74平方公里。共有88所小学,24所中学,4所特殊学校及11所私立学校。

作为伦敦最好的学区之一,巴奈特在2013年Ofsted的评估中获得优秀及杰出评价的学校占91%,远远高于伦敦及英国的平均水平,区内的基础教育水平可见一斑。无论是幼儿早期教育还是小学教育,巴奈特地区的学生表现均高于伦敦及英格兰的平均水平。

(6)伦敦 Hackney(哈克尼)学区

哈克尼区位于伦敦东北部,占地面积为19.06平方公里,人口为246 300。哈克尼区近年来人口在不断上升,主要以英国白人居多。哈克尼区是伦敦最好的学区之一,现区内有12所幼儿园及托儿所,52所公立小学,16所公立中学,28所私立学校及4所特殊学校。哈克尼区与英国一家私立教育机构 Leaning Trust 签下长期合作协议,为该区超过27 000名学生和70余所学校、幼儿园、儿童康乐中心提供专业教育资源管理及课程质量监管。

伦敦最好的两家学院(Academy)均位于哈克尼区。该区在2014年中,58.1%的学生能获得C:A*的GCSE成绩,A –Level平均分为759.9,远远高出英格兰及伦敦地区平均水平。56%的居民接受过高等教育并获得相应学历文凭,现主要从事管理类及专科类职业。

(7)伦敦 Camden(卡姆登)学区

卡姆登区位于伦敦市中心北部,共有42所小学,11所中学,9所特殊学校及28所私立学校。该区总人口为220 100,占地面积为21.8平方公里。区内有 10 个政府运营的图书馆，还有在线图书馆及家庭图书馆服务。区内有近 70 处公园及露天公共场地。

卡姆登区是伦敦儿童肥胖比例最高的区，三分之一的十岁儿童属于偏重及肥胖。为了提高孩子的健康，增加孩子的体育活动，卡姆登体育活动空间项目为孩子们建设了许多趣味活动设施。

（8）伦敦 Sutton（萨顿）学区

萨顿区位于伦敦西南部，共有 42 所小学，14 所中学，3 所特殊学校及 8 所私立学校。该区总人口为 191 100，占地面积为 43.85 平方公里。区内有 9 个政府运营的图书馆，以及移动图书馆和家庭图书馆服务。区内有 89 处公园及露天公共场地。

作为伦敦，甚至全英国最好的校区之一，萨顿区学校的教学质量深受家长好评。有英国家长在分享孩子择校经验时曾提到，为了让孩子进入更好的公立学校，除了像许多其他英国家长一样，每周按时去教堂参加英国国教或天主教的礼拜或弥撒外，他们选择搬往萨顿区。

随着公立学校的入学竞争越来越激烈，能够进入首选学校的学生比例逐年降低。然而，成功进入首选小学的萨顿区学生占该区总申请人数的 84%，是伦敦所有区中最高的比例之一。8% 的萨顿区学生进入了第二选择的小学，只有 3.8% 的学生没有进入自主选择的学校。

（9）大伦敦 Tower Hamlets（陶尔哈姆莱茨）学区

陶尔哈姆莱茨区是英国英格兰大伦敦内伦敦的自治市，位于伦敦东部，泰晤士河北岸。该区人口为 256 000，占地面积为 19.77 平方公里。该区教育以公立学校为主，私立学校占所有学校的 2.4%。大约 60% 进入小学和中学的学生来自孟加拉族裔。区内有 16 所幼儿园及托儿所，70 所小学，16 所中学，7 所特殊学校及 19 所私立学校。

辖区邻近伦敦市，属商业区之一。在 19～20 世纪中，辖区曾是伦敦对外贸易中心。自 1960 年代航运业衰颓，辖区逐渐转型，成为金融中心区。辖区从 19 世纪起，随着对外贸易发展人口不断上升。然而在航运业衰微后，目前人口比高峰期少了约一半。景点为金丝雀码头及伦敦汇丰银行总部。

（10）曼城 Trafford（特拉福德）学区

特拉福德区是曼彻斯特市的一个区，该区共有 67 所小学，18 所中学，8 所特殊学校及 10 所私立学校。该区总人口为 227 100，占地面积为 106.04 平方公里。该地区犯罪率为 3.96%。区内有 12 个政府运营的图书馆，以及在线图书馆和家庭图书馆服务。区内有近 30 处公园及露天公共场地。

特拉福德区是曼彻斯特最优秀的校区之一，在过去几年的统计中，曼彻斯特地区最受家长和学生欢迎的公立学校中有 5 所位于特拉福德区。

医疗及看病攻略

1. 英国国家医疗服务体系 NHS

英国有公立（NHS 国家医疗服务体系）和私立医疗制度。只要持有可以在英国居住超过 6 个月以上的签证，就可以享受国家健康计划提供的免费医疗服务。这是美国、加拿大等国家都没有的福利。英国的医疗水平国际领先，有各类国际级水平的专业医疗人员和最新科技器材与技术。

免费医疗保健包括大多数健康状况，如产前体检、常规健康检查、长期身体问题、一般手术、移植手术、急诊和生活护理治疗等。婴儿和儿童可以免费接受疫苗接种注射，如麻疹、腮腺炎、肺结核等医疗福利，与英国公民平等。

2015 年 4 月 6 日起，英国开始向申请学生签证、工作签证等超过 6 个月长期签证的申请人收取移民健康附加费 "Immigration Health Surcharge"，只有支付此费用才可以享受免费的 NHS 医疗服务，价格为 200 英镑一年，学生则是 150 镑一年，在成为永久居民之后则可以免费。

英国的 NHS 医疗体系分为两个层级：第一层级是社区医生（GP）；第二层级为 NHS 体系内的综合性医院。对于一般的身体状况，如感冒、发烧、过敏、孕检等，在 GP 就能搞定；如果是比较严重的病症，如需要手术或住院就到综合性的医院就诊，但是前提也是在社区 GP 有注册。

（1）注册 GP（general practitioner，全科医生/社区医生）

对于刚来英国生活的华人来说，到英国后的第一件事应该是注册 GP，切勿等到患病后才想起注册。GP 相当于你的全科医疗顾问，任何身体健康上的问题都可以找 GP，GP 在帮你把关之后，再引导你去看具体专业的医生。

不同的 GP 都由各自的 NHS 管辖，而不同地区的 NHS 管辖范围也不一样。由于英格兰、苏格兰、威尔士、北爱尔兰的 4 个 NHS 是独立存在并自主管理的，因此你需要知道自己所在的地区是归哪个 NHS 管辖。如果想要查询自己所在地区附近的 GP，可以登录 NHS 的网站进行查询。

一旦知道自己住的地方附近的 GP，就可以前去注册了。记得带上你在英国的住址证明（Proof of Address），这个是用来证明你所住的地方是属于这个 GP 管辖范围内的。在注册之前或之后都会要求出示以示证明。而 Proof of Address 同时包括水电账单、银行卡账单、信用卡账单、租房合同、学校开具的证明信或工资单等。

到了 GP 以后，对前台说明来意，前台的工作人员在看过你的 Proof of Address 后会发放一张表格要求你填写。表格上基本都是一些个人信息以及过往病史、过敏史和现在的健康程度。注册成功之后，大概需要一周时间，会收到一个印着你的地址和 NHS 号码的卡片，一定要收好，以后看病都能用上。

注册官网：http://www.nhs.uk/Pages/HomePage.aspx。

（2）预约 GP 及看病

最好把你所注册的 GP 预约电话记录到通讯录上，以防紧急情况下找不到电话而着急。打电话预约的时候需要告知对方你的名字、生日，以便医生核对你是否是注册用户，以及是否在当 GP 诊所注册。预约的时候简单告诉一下医生你的病情就可以了。

一般正常的预约都不会排在当天，而是根据预约情况向后排，运气好的两三天就能排到，遇到流感或某种疾病高发期，需要一到两周。看病当天，最好提前 15 分钟到达诊所，英国人做事古板、中规中矩，一旦迟到，预约的医生可能会开始接待下一位预约病人，有可能会让你重新预约。

到达诊所后，别忘了到前台确认你的预约，GP 是否帮你安排，安排了哪位医生、哪个病房等，有的诊所可以在进门处的机器上确认。确认后，需在大厅等候，时刻留意显示频上的信息或工作人员的通知。GP 看诊时，会询问你的症状、开始时间、有何变化及过往病史等，并进行一些简单的检查。之后，GP 会提供一些医疗的建议，需要服药的情况，会开具处方签（Prescription），凭借处方单子到当地的医疗连锁购买处方药。英格兰地区如果是 16 岁以下儿童可以免费买药，成年人需要付费。

（3）急诊

英国医院的急诊（Emergency & Accident，A&E），是专门为有生命危险（life-threatening）的病症和事故准备的，那么哪些情况属于有生命危险可以直接去医院看急诊呢？如失去知觉、精神不稳定或癫痫不止、胸口剧痛不停止、不能呼吸、大出血，血流不止……

如果遇到以上情况，可以直接拨打英国紧急求助电话 999 叫救护车，除此之外的情况都属于没有直接生命危险，不需要来医院。如果等待预约 GP 的时间过长，但又讨干担心自己可能会有生命危险，可以拨打 NHS 的 111 号码获得医疗咨询，24 小时都有人服务。

在这里给出一些语言方面的小参考：

❖ Calm Down（保持冷静）：很多人一着急就无法表达，更何况是英文表达。

❖ 准确说明当前需要急救病人的症状。这个对英文不是很流畅的人来说可能有点困难，把关键的词说出来就可以了，如 labor（分娩）、bleed（流血）、heatstroke（中暑）、fever（发烧）、faint（晕倒）、accident（车祸）等。

❖ 准确说出自己的位置。这个尤其重要，因为救护车会根据你告知的地址出发，如果地址说得很含糊，甚至错了，可能会影响到救援的最佳时机。

❖ 如果还是无法应对，最好找附近的邻居朋友帮忙，或者直接送到医院急诊中心。

2. 家中常备药品

为了以防万一，家里最好有一些常备药，如感冒药、止痛药、过敏药、止痛膏药、口腔溃疡药、腹泻和便秘药、消化不良及烧心药物、痔疮药、晕车药，尤其是婴幼儿的药品等，在英国的 Boots 连锁店都能买到。对于一些小毛病，自己吃药就能解决，也不需要预约排队看病了，因为很多时候医生对于这种小毛病也是不给开药的，基本都是让你回家多休息，多喝水。

成为永久居民后可享受的基本社会福利

英国是社会福利制度的发源地，也是社会福利制度迄今发展最为全面的国家之一，作为欧美国家中福利最发达的国家之一，英国的福利政策真是好到让人嫉妒，让我们一起看看都有哪些吧。

（1）免费教育

孩子从 5～16 岁均可享受免费的公立教育。

（2）免费医疗

包括家庭医师的诊疗费、住院医疗费、产前检查与生产医护费用等。

（3）家庭津贴

假如你每星期至少工作 16 小时，收入低微，又需要照顾至少一名儿童的话（16 岁以下，或者 19 岁以下全日制学生），那么便有资格申请。津贴视家庭的收入和儿童数目而定。

（4）儿童津贴

无论你收入多少或者交多少保险金，只要你有照顾儿童的责任，就有资格领取儿童福利金。福利金为 16 岁以下的儿童而设，如果 16 岁～18 岁的儿童仍在非高等教育机构就读，也有资格领取。

（5）失业津贴

为年龄在 18～65 岁之间的失业人员提供，他们必须是正在积极寻求工作。所支付的金额是基于失业人员过去缴付的国民保险数和个人财产情况。

（6）监护人津贴

负责照顾双亲去世儿童的监护人，有资格申请监护人津贴及儿童福利金。

（7）照料津贴

65 岁以上需要经常被照料的伤残人士。

（8）伤残照料者津贴

如果每星期花至少 35 个小时照料一名严重伤残人士，该名人士（16～65 岁）有资格接受伤残生活津贴的中等或最高款项或者照料津贴。申请人每周除去合理开支后，收入不能超过 50 英镑或者正在全职就业。

（9）法定患病工资

申请条件为患病一连 4 天以上，为期不超过 28 个星期。申请雇员每周收入必须超过 58 英镑。

（10）法定怀孕雇员工资

当雇员怀孕，雇主每星期要缴付工资，数目视雇员的收入和金额而定。

（11）单亲津贴

单亲又要独自照顾子女的人士可以领取单亲津贴。除儿童福利金外，这个津贴只支付给首位子女。

（12）退休福利

基本退休福利，为超过退休年龄（女性 60 岁以上，男性 65 岁以上）及符合国民保险金条件的人士设定。要照顾未成年子女的人士可以获得其他福利。

英国税收体系

作为一个老牌资本主义国家，英国有着非常健全的税收制度。英国的税收体系在全世界都非常具有吸引力, 远低于其他国家 30%左右的平均水平。雇主应缴社会保障费用方面, 英国也较其他国家而言具有优势, 税率不及法国、意大利等国的一半。英国的高级管理人员及雇员也享受优惠的个人所得税与社会保险税。

中央政府的税务管辖部门是英国税务及海关总署 (Her Majesty's Revenue and Customs, HM Revenue and Customs, HMRC)。HMRC 的一大职责就是负责税收的征集和管理, 征收的税项包括直接税 (所得税 income tax、公司税 corporation tax、资本增值税 capital gains tax、遗产税 inheritance tax 等) 及间接税 (增值税 value added tax、土地印花税 stamp duty land tax 等)。

1. 个人所得税

英国是世界上最早开始征收个人所得税的国家。从 1779 年至今经过一个多世纪的演变发展, 英国所得税已经形成了一个较为完善的体系, 并成为英国的第一大税种。具体参见表 9-1。

表 9-1 英国雇员税收标准及税率

标准	税率
年收入低于 5035 英镑	0
年收入低于 7185 英镑	10%
年收入在 7186 英镑～38335 英镑之间	22%
年收入超过 38335 英镑	40%

（1）公司税（见表 9-2）

表 9-2 英国公司税收标准及税率

标准	税率
年利润除以集团在全球的公司总数, 所得数不超过 10 000 英镑	0
年利润除以集团在全球的公司总数, 所得数介于 10 000～50 000 英镑之间	19%
年利润不超过 1 500 000 英镑	19-30%

（2）增值税

生产应纳税产品的公司，如果年营业额超过 55 000 英镑，就必须进行增值税登记（见表9-3）。

表9-3　英国增值税税收标准及税率

标准	减让税率
多数公共交通、慈善机构以及出口	5%
保险、金融、教育及保健服务以及大多数食品、图书及儿童服装	17.5%

（3）印花税（见表9-4）

表9-4　英国印花税税收标准及税率

标准	税率
如果收购公司股份	按收购价征收 0.5%印花税
在英国境内的超过 500 000 英镑的房产或特定资产的收购	按收购价征收 4%印花税

（4）纳税人

所得税的纳税人分为两大类：居民和非居民。

税收意义上的英国居民一般指：

❖ 在英国征税年度内逗留了6个月，即183天以上的人。

❖ 不论在英国逗留的时间长短，在英国以本人名义拥有可使用的住所，且居住在英国的人（全部时间都在国外从事经营，或者在国外从事全日制工作的受雇佣者除外）。

不符合上述两项条件，但在连续4年内：

❖ 每年在英国逗留91天以上的人。

❖ 平均下来，每年逗留91天以上的人。

❖ 4年中累计在英国逗留1年以上的人。

英国居民一般应就其在世界范围内的所得缴纳所得税，而不论其是否汇入了英国。但就来源于英国境外的所得，其在英国境外缴纳的税（仅限于直接的海外税），英国将按照避免双重征税的协定或英国法律的单边规定给予抵免。英国非居民则可就其某些境外所得享受优惠待遇，仅就其来源于英国的所得征税。

2. 征税年度

英国所得税的征税年度起止日期为每年的 4 月 6 日至第二年的 4 月 5 日。

3. 征税项目

所得税的征税项目主要包括以下几项：

（1）受雇佣所获得的工资及以自雇形式获得的收入。

（2）每年年终的分红奖金。

（3）养老金收入（包括从国家、公司及个人所获得的养老金收入）。

（4）储蓄和债券的利息收入。

（5）股息（包括股票和理财投资）。

（6）房屋出租的租金收入。

（7）信托的收入。

（8）某些来源于国家福利的收入。

4. 非征税项目

有些收入是完全不需要缴纳所得税的，常见的有：

（1）某些来源于国家福利的收入，如监护人津贴、儿童补助、住房补贴、收入补助等。

（2）某些储蓄的利息收入，如个人储蓄账户中的利息收入等。

（3）部分房屋出租的租金。若出租的房屋为自己仅有的住宅或家庭住宅，从一名承租人处获得的租金中，每年第一次收到的 4 250 英镑租金免征所得税（若该房屋为两个人共有，则免征所得税的额度为 2 125 英镑）。

（4）税收抵免，包括工作税收抵免和儿童税收抵免。

（5）政府发行的有奖债券（此部分的收入不征收所得税和资本增值税）。

值得一提的是，如果投资者从配偶处获得了一笔资金，而其配偶为非英国居民且不受英国税收法规政策的调整，则该笔资金将被视为赠予，并且免于征收所得税。

尾　声

读到这里，你几乎等于目睹了一个英国留学生在留学之路上那些最为重要的选择，从选校择业，到毕业后的去留，甚至再到国籍身份的大转移。是的，人生充满了选择，而这本书能做的，就是帮你在留学英国这条路上的选择，多一些参照，多一份底气。

如果你还未踏出第一步，那么这一切内容都是纸上谈兵。

和笔者出国的那个时代相比，如今留学已不再是一道"窄门"。"海归"也不再是多么"金贵"的身份，中国留学生遍布海外，数量越来越多，正是因为这种普遍，笔者反而担心你会不那么在乎，就像很多人那样，让身在海外的日子混过去，不再成为生命中来之不易的、具有仪式感的体验。

希望这本书能给你带来某种仪式感，希望你能珍视留学之路上的每一个选择，并负责地带着选择认真走下去，希望你对留学的理解，不再是"为文凭镀金"这么机械、简单。最重要的是，希望你能有所获得，无论是学业视野，还是感情生活，而不是在几年后感叹"我在英国什么也没得到"。

感谢每一位看到此处的读者，不厌笔者的唠叨，祝好运！